NOTRE-DAME DE CAHUZAC

PÈLERINAGE

DE

NOTRE-DAME DE CAHUZAC

ABBEVILLE

F. PAILLART, IMPRIMEUR-ÉDITEUR

des Brochures illustrées de Propagande catholique

—

1903

PÈLERINAGE

DE

NOTRE-DAME DE CAHUZAC

ABBEVILLE

F. PAILLART, IMPRIMEUR-ÉDITEUR

des Brochures illustrées de Propagande catholique

1903

DÉGLARATION

Pour nous conformer au décret du Pape Urbain VIII, nous déclarons qu'en parlant, dans ce livre, de faits miraculeux, de miracles, nous ne voulons donner à ces mots que la signification large et populaire qu'on leur attribue dans le langage usuel.

Nous n'avons, nullement, la pensée de décider, si, dans les événements que nous signalons, il y a eu miracle proprement dit, au sens de la théologie. Ce soin appartient à l'Eglise, qui, par la volonté de son divin fondateur, est juge suprême en matière de miracle, comme pour le dogme et la morale.

De tout cœur, nous croyons tout ce que croit et enseigne l'Eglise catholique, apostolique et romaine. Nous condamnons et réprouvons tout ce qu'Elle condamne et réprouve et, Dieu aidant, nous voulons vivre toujours, et mourir, dans son sein, quand l'heure du Seigneur viendra.

Permis d'imprimer :

† MATHIEU-VICTOR,

Archevêque d'Auch.

Auch, le 5 Avril 1905.
Fête de Notre-Dame des Sept-Douleurs.

Bien cher Monsieur l'Archiprêtre,

Je viens de lire, sur l'invitation de Monseigneur l'Archevêque, le nouvel ouvrage qui vous avez récemment composé et qui a pour titre *Pèlerinage de Notre-Dame de Cahuzac,* et j'ai hâte de vous dire la profonde satisfaction que cette lecture m'a causée.

Notre bien-aimé sanctuaire de Notre-Dame de Cahuzac a eu, dans les temps passés, des historiens assez nombreux, comme en font foi les notes bibliographiques que vous avez insérées dans l'Introduction de votre ouvrage ; mais la plupart d'entre eux n'avaient fait qu'effleurer cette histoire ou l'avaient noyée dans des digressions mystiques absolument étrangères au sujet. A vous, cher Monsieur l'Archiprêtre, reviendra l'honneur d'avoir traité cet intéressant sujet avec tout le discernement et toute la plénitude qu'il paraît pouvoir comporter.

L'érudit sera charmé des riches trouvailles que vous avez faites dans les diverses sources qui renfermaient les éléments de cette histoire, *Synodes diocésains, Chroniques des siècles passés, manuscrits du P. Monaguillard, Glanages des Messieurs Daignan du Sendat, chartrier de la famille d'Aignan,* et autres encore. Une foule de détails du plus haut intérêt, qui avaient échappé aux historiens du passé, ont été le fruit de vos patientes recherches, et prennent place dans votre travail avec une abondance d'informations qui en font une œuvre sérieusement documentée et assurée de satisfaire la curiosité de tous ceux qui s'intéressent aux événements religieux de notre histoire provinciale.

Le chrétien, de son côté, trouvera dans la lecture de votre ouvrage un aliment hautement appréciable à sa piété envers la Mère de Dieu. La plupart des dévots à Notre-Dame de Cahuzac avaient cru, jusqu'à cette heure, que le culte de la Très Sainte Vierge dans ce lieu datait seulement des premières années du xvie siècle et avait pour origine la célèbre apparition de *la Vierge de l'Ormeau,* qui eut lieu le 27 septembre 1513. En mettant en relief les documents qui font remonter ce culte sur le territoire de Cahuzac bien au delà du xiiie siècle et de la fondation du couvent bénédictin et de la ville de Gimont, vous avez fait rayonner au-dessus du cher sanctuaire de Cahuzac une auréole d'antiquité qui ne peut manquer d'accroître la vénération dont il est l'objet, et qui le met au premier rang des sanctuaires élevés dans notre diocèse à la gloire de Marie.

Deux chapitres complètent très heureusement votre travail, le chapitre consacré à *l'Epigraphie sacrée de Notre-Dame de Cahuzac* et celui que vous intitulez *Vierges tutélaires du diocèse d'Auch.* Dans le premier, vous faites défiler sous les yeux du lecteur toute une série de grâces insignes, et parfois miraculeuses, que les fidèles ont obtenues à des dates récentes par l'invocation de Notre-Dame de Cahuzac, et qui ne peuvent manquer de stimuler leur piété, en leur montrant la Très Sainte Vierge aussi soucieuse aujourd'hui que dans les siècles passés de récompenser la foi de ses enfants. Dans le second, vous faites à Notre - Dame de Cahuzac comme un cortège d'honneur de la série des treize autres principaux sanctuaires que les bienfaits de Marie et la piété des fidèles lui ont suscités dans les limites actuelles du diocèse d'Auch.

Il me serait aisé assurément de signaler dans votre travail ce que je considère comme des imperfections telles qu'il s'en trouve dans toutes les œuvres humaines, mais ce sont des détails qui n'altèrent en rien le fond des choses et qui n'empêchent nullement que vous ne veniez d'élever à la gloire de la Très Sainte Vierge un monument plein d'intérêt, auquel vous êtes assuré que le public fera un accueil empressé et qui contribuera efficacement, j'en ai la confiance, à relever le flambeau de la foi dans bien des âmes, en les groupant plus nombreuses et plus confiantes devant les autels de Marie.

Je suis heureux de vous annoncer que Monseigneur, sur le rapport qui lui a été fait de la valeur de votre ouvrage, vous accorde volontiers l'*imprimatur* exigé par nos statuts diocésains.

Veuillez agréer, cher Monsieur l'Archiprêtre, l'assurance de mon bien cordial dévouement,

J. BÉNAC,
Vicaire Général.

INTRODUCTION

SOMMAIRE : Bibliographie de Notre-Dame de Cahuzac. — Les *Synodes* du diocèse d'Auch, en 1624 et 1877. — *Notre-Dame de l'Orme, Notre-Dame de Cahuzac.* — Publications relatives à *Notre-Dame de Cahuzac*, depuis 1686 jusqu'à nos jours.

Dans le mémorable *Synode* de 1624 (11 mars), Mgr Léonard de Trapes, archevêque d'Auch (1597-1629), divisa son diocèse en cinq parties auxquelles il donna pour commune patronne la Vierge Mère (1). La première partie était dédiée à *Notre-Dame de Pitié d'Auch* (2) et renfermait cinq archiprêtrés. « La seconde, du côté d'Orient, » était consacrée à *Notre-Dame de Gimont.* Quatre archiprêtrés la composaient. C'étaient : *Miramont,* formé de neuf cures, *Lussan,* de dix, *Montferrant,* de trente-six et *Durban,* de huit.

Notre-Dame de Garaison (3) fut préposée à la garde de quatre archiprêtrés, au midi du

(1) *Constitutions synodales.* Toulouse, Colomez, impr., 1624, p. 11.
(2) Voir page 216.
(3) Voir page 219.

diocèse. Quatre autres archiprêtrés se trouvèrent placés « sous la bannière de *Notre-Dame d'Aignan* » à l'ouest (1), et, au nord, *Notre-Dame de Cambré* reçut la garde des archiprêtrés de Sos, de Gondrin, de Saint-Griède et de Sabazan (2).

On pourrait se demander, ici, pourquoi Mgr de Trapes, dans sa consécration du diocèse à la Vierge Mère, préféra *Notre-Dame de Cambré* à *Notre-Dame de Pibèque*? Les deux sanctuaires étaient voisins l'un de l'autre et jouissaient d'une grande célébrité. La Sainte Vierge n'a pas seulement élu domicile dans la ville d'Auch. Elle a montré sur plusieurs autres points du diocèse combien elle est sensible au culte qu'on lui rend, dit le P. Mongaillard dans son manuscrit latin intitulé : *Descriptio Vasconiæ* (3). Il nomme ensuite quatre sanctuaires placés aux quatre coins du diocèse et qui sont dédiés à la Mère de Dieu. Ce sont, écrit-il, *Notre-Dame de Cahuzac*, à l'est, *Notre-Dame de Garaison*, au midi, à l'ouest, *Notre-Dame d'Aignan*, et, au nord, *Notre-Dame de Pibbèque*. Le docte Jésuite rédigeait son ouvrage vers l'époque où l'archevêque d'Auch

(1) Voir page 222.
(2) Voir page 223.
(3) *Second cahier du tome I du manuscrit : Descriptio Vasconiæ*, chapitre XIII. (Bibliothèque de Toulouse.)

plaçait son diocèse sous la protection de la Sainte Vierge (1).

Désireux de marcher sur les traces de son illustre prédécesseur, Mgr de Langalerie voulut terminer son Synode de 1877, en plaçant les six archiprêtrés du diocèse d'Auch, sous le patronage de la Très Sainte Vierge Marie (2).

L'ARCHIPRÊTRÉ d'Auch fut consacré : 1º à *Notre-Dame d'Auch* ; — 2º à *Notre-Dame de Biran* (3) ; — 3º à *Notre-Dame du Cédon* (4) ; — 4º à *Notre-Dame de Gaillan* (5). Celui de Lectoure eut pour patronnes : 1º *Notre-Dame de Tudet* (6) ; — 2º *Notre-Dame d'Esclaux* (7).

Notre-Dame de Piétat (8), à Condom, et *Notre-*

-----

(1) Voici ses paroles (folio 75, verso) : « Non in sola...
« Auscorum urbe sibi Beatissima Virgo domicilium
« selegit, sed in plerisque aliis locis totius diœceseos,
« quam gratus sit ei cultus singulari tutela demons-
« travit. Quatuor sunt templa Ipsi dicata in extremis
« quatuor angulis archiepiscopatus Auscitani posita ;
« ad orientem non longe a Gimonte Urbe est unum
« quod vulgò audit, *Nostre Dame de Cahusac* ; ad meri-
« diem aliud, leuca fere ab oppido Monte Lugduno dis-
« tans, quod dicitur Nostre Dame de Garazon. Ad occi-
« dentem tertium est situm prope Anianam urbem, ab
« illa nomen trahens, vulgò Nostre Dame d'Aignan ;
« *quartum denique est ad septentrionem in Elusatibus,*
« *media plus minus leuca ab ipso Castro Elusatum*
« *dissitum, auditque vulgò Nostre Dame de Pibbèque.* »
(2) *Acta ecclesiæ auscitanæ.* — Auch, Cocharaux,
impr., 1898, p. 86.
(3) Voir page 226.
(4) Voir page 228.
(5) Voir page 230.
(6) Voir page 232.
(7) Voir page 233.
(8) Voir page 234.

Dame de Tonnetau (1) furent préposées à la garde de l'archiprêtré de Condom. Celui de Mirande eut *Notre-Dame de La Croix de Marciac* (2) pour patronne. *Notre-Dame de Bouit* (3) reçut mission de protéger l'archiprêtré d'Eauze créé par Mgr Delamare, archevêque d'Auch (1861-1871) et confirmé par Mgr de Langalerie, dans le Synode de 1877.

Enfin, l'archiprêtré de Lombez fut confié à NOTRE-DAME DE CAHUZAC.

Cette seconde consécration du diocèse d'Auch à la Mère de Dieu, révèle le nom de nos principaux sanctuaires dédiés à la Vierge, en ce moment, mais garde le silence sur le pèlerinage le plus célèbre de notre ancienne circonscription paroissiale : NOTRE-DAME DE GARAISON (4).

Depuis que la Révolution eut fait passer Garaison dans le département des Hautes-Pyrénées (1789), le pèlerinage de *Notre-Dame de Cahuzac* occupa le premier rang parmi les sanctuaires du diocèse d'Auch, agrandi par la nouvelle division ecclésiastique de la France, qui donnait aux quatre-vingt-trois diocèses

(1) Voir page 238.
(2) Voir page 246.
(3) Voir page 252.
(4) Voir notre livre : *Le Berceau des Pères de Lourdes ou Notre-Dame de Garaison*. Paris, chez Palmé.

créés par la Constituante, les limites des départements formés par cette assemblée.

Durant le cours des XVIIe, XVIIIe et XIXe siècles, il a paru divers travaux sur la dévote chapelle que le V. Léonard de Trapes appelle *Notre-Dame de Gimont*, en 1624, désignée sous le nom de *Notre-Dame de l'Orme*, vers le milieu du siècle suivant, et, enfin, qualifiée *Notre-Dame de Cahusac*, dans les écrits du XIXe et du XXe siècles.

Au fond, ces diverses compositions ne sont qu'un seul et même ouvrage. Les derniers essais, en effet, sont une simple analyse de l'opuscule du chapelain Jean Duclos, qui, en 1686, fit paraître, chez P. François, imprimeur, à Auch, en un volume in-18 de 152 pages, le *Tableau de la miraculeuse chapelle de Notre-Dame de Cahusac, près la ville de Gimont* (1). Le livre renfermait deux parties. Dans la première, douze chapitres sont consacrés à l'histoire du sanctuaire. Les chapitres très courts de la seconde contiennent des réflexions pieuses, sous le titre général : *Règlement de vie et exercices de dévotion du chrestien pour les confrères de la sainte et miraculeuse chapelle de Notre-Dame de Pitié de Cahusac, dans le diocèse d'Auch.*

(1) Ce titre est conservé dans les éditions des derniers siècles.

Pour plus d'exactitude, il convient de dire que ces deux compositions, généralement reliées en un volume, formaient, en réalité, deux ouvrages distincts imprimés, la même année, 1686, par P. François, à Auch, dans le format in-18. Le premier avait 54 pages, on en comptait 102 dans le second. Un foliotage particulier donnait comme une troisième division au volume terminé par les litanies de la Vierge, du saint Nom de Jésus et quelque autre prière (8 pages).

Au XVIIIe siècle, il y eut une seconde édition du *Tableau de la miraculeuse chapelle de Cahusac*, publiée à Toulouse, en un volume in-12 de 146 pages. Elle contient un *Examen de conscience* (p. 141-143) et se termine par un *Abrégé des règles de la Confrérie de Notre-Dame de Pitié*.

M. le comte de Mauléon, né à Sainte-Marie, le 6 avril 1810 et mort dans la même paroisse, le 3 novembre 1889, avait une sainte passion pour la chapelle de Cahuzac. Dans le but d'aider au relèvement du célèbre pèlerinage, il publia, en 1853, la partie historique de l'ouvrage de Jean Duclos, en un petit volume in-32 de 98 pages, imprimé à Toulouse, par Augustin Manavit. *Tableau de la miraculeuse chapelle de Notre-Dame de Cahusac, près de Gimont,* tel fut le titre du nouvel opuscule que l'auteur fait précéder d'une description archéologique du sanctuaire. M. de Mauléon consacre le chapitre XIII à des considérations sur l'état actuel de la chapelle de Cahuzac. Plus tard, 7 pages in-32 imprimées chez Manavit, à Toulouse, vinrent s'ajouter à l'ouvrage avec le titre : *Complément du Tableau de la chapelle de Notre-Dame de Cahusac*. C'est le récit d'une fête dans le sanctuaire.

A l'époque du rétablissement du pèlerinage de *Notre-Dame de Cahuzac*, au mois de mars 1859, il parut une *Petite notice sur la chapelle miraculeuse*, sans nom d'auteur, imprimée à Auch, par M. J.-A. Portes, en 4 pages in-8°. La plaquette fut répandue à profusion dans le pays.

Elle fut suivie, en 1862, d'une publication plus étendue sortie des presses de M. F.-A. Cocharaux, imprimeur à Auch. Le petit volume intitulé : *Notre-Dame de Cahusac*, avait 55 pages in-32. Les 22 premières étaient réservées à l'histoire du pèlerinage. Les 11 suivantes contenaient l'approbation de la *Confrérie de Notre-Dame de Pitié*, le règlement de la pieuse association, etc., et les derniers feuillets de la brochure renfermaient des *Prières et exercices de piété en l'honneur de la Très Sainte Vierge Marie.*

Si, à cette liste de compositions sur *Notre-Dame de Cahuzac*, nous ajoutions l'indication des comptes-rendus des fêtes de ce sanctuaire parus dans la *Semaine Religieuse d'Auch* (1) depuis la fondation de ce périodique (1872), jusqu'à ce jour, nous aurions, à peu près, dressé la table bibliographique de notre premier pèlerinage diocésain auquel feu M. l'abbé Dubord, ancien curé d'Aubiet, avait lui-même consacré une *Notice* qui n'a jamais vu le jour (2). Était-ce « l'*Histoire de Notre-Dame de Cahuzac, qui devait paraître prochainement* », en 1862, d'après une note insérée au bas de

(1) Nous citerons, parmi ces comptes rendus, celui qui parut dans le numéro 46 de la feuille diocésaine, ou le 15 septembre 1883 (p. 546) L'auteur de l'article y relaté les solennités du 8 septembre 1883 et le pèlerinage de Gimont à Cahuzac, pour demander à *Notre-Dame de Pitié* la guérison de M. de Lavigne, curé-doyen de la paroisse.

On peut lire dans le même recueil (N° 30, 28 mai 1887) une analyse bien écrite de l'étude de M. l'abbé Dubord sur le sanctuaire de Cahuzac. Ces six pages substantielles, intitulées *Notre-Dame de Cahuzac*, ne sont pas signées. Elles méritent de l'être. Aussi, dirons-nous, ici, qu'elles sont l'œuvre du R. P Dupuy, Prélat romain, Supérieur des Missionnaires d'Auch.

(2) Nous n'avons jamais vu le manuscrit de M. l'abbé Dubord qui, nous dit-on, se compose de seize chapitres, dont les huit premiers sont consacrés à l'histoire de Cahuzac, depuis le XVI° siècle jusqu'à la Révolution française. Sept autres relatent la profanation de la sainte chapelle, la destruction des ornements, statues des diverses églises du pays, le passage du sanctuaire des mains des hérétiques dans celles des catholiques, la restauration du pèlerinage confié aux Missionnaires diocésains. Le seizième, enfin, renferme une série de pièces concernant la Confrérie de *Notre-Dame de Pitié* et des pièces justificatives.

la première page de l'opuscule anonyme, publié à cette époque, avec le titre : *Notre-Dame de Cahusac, sa dévote chapelle*, etc. ?

Cédant aux affectueuses instances des *Pères Missionnaires de Notre-Dame d'Auch*, chargés de la direction du Sanctuaire de CAHUZAC, nous publions, de notre côté, ce petit volume auquel nous donnons pour titre : *Pèlerinage de Notre-Dame de Cahuzac*. Si la dédicace de l'ouvrage à Sa Sainteté le Pape Léon XIII devait étonner le lecteur, nous n'aurions qu'à lui rappeler une Lettre de Rome qui nous accordait cette insigne faveur, le 13 juillet 1888 (1).

En nous l'adressant, Mgr Mocenni, archevêque d'Héliopolis, nous faisait l'honneur de nous dire que ce privilège devait « nous en-

---

(1) Voici les termes de la lettre écrite par Mgr Mocenni, à la date indiquée :

« *Secrétairerie d'Etat de Sa Sainteté.*   N° 76822.

« Ill᷿ᵐᵒ Signore, Ho il piacere di annunziare a V. S. « Ill᷿ᵐᵃ che il S. Padre si è degnato di accogliere la « domanda da Lei avanzata per ottenere il permesso di « dedicargli le sue opere, e che, intanto, Le invia dal fondo « del cuore la Benedizione Apostolica.

« Ben sicuro che questa benevola accoglienza fatta alla « sua domanda non potrà a meno d'incorarggiarla sempre « più ad adoperare la sua penna a vantaggio della Reli-« gione e della Società, passo a dichiararmi con perfetta « stima,

      « Di V. S. Ill᷿ᵐᵃ,
« Roma, 13 Luglio 1888.

                    « M. MOCENNI,
                « arcivescovo di Eliopolis.

   « Sig. Abᵗᵉ CAZAURAN. »

« courager toujours davantage à consacrer
« notre plume au bien de la Religion et de la
« Société. » (*Semaine Religieuse d'Auch*, 1888-
1889, p. 19.)

Dans le but de répondre aux vœux du
Saint-Père, qui daignait prendre un intérêt
marqué à nos travaux d'*Histoire paroissiale*,
deux ans plus tard, enhardi par Sa parole,
nous prîmes la liberté de Lui envoyer diverses
publications conformes au programme tracé
dans la lettre qui les accompagnait.

Peu de jours après, S. Em. le Cardinal
Rampolla eut la suprême obligeance de nous
faire parvenir les lignes citées au bas de cette
page (1) et dont voici la traduction :

« Ill^me Monsieur, le Saint-Père Léon XIII a
« favorablement accueilli votre ouvrage d'*His-*

---

(1)   « Ill^ms Domine,   N° 87942.
« Excepit benigne Ssmus Dominus Leo XIII, librum
« tuum de historia parœciarum Auscitanæ Archidiœcesis
« quem Ei dono misisti obsequiosis litteris ornatum.
« Gaudet Sanctitas Sua te studium operamque contu-
« lisse ad sacras ædes illustrandas, nec ambigit quin
« religiose scribendo præstiteris quod tibi fuisse propo-
« situm in litteris tuis declaras. Interim debitas tibi pro
« oblato munere gratias agit, et Apostolicam Benedic-
« tionem peramanter impertit.
    « Hæc ego tibi dum renunciare gaudeo, sensus expromo
« sinceræ existimationis qua sum.
        « Tibi, Ill^me Domine,
« Romæ, die 3 septembris 1890.
            « Addictissimus,   Card. RAMPOLLA. »
    « Illmo D. CAZAURAN,
« Professori in Seminario Maiori Auscitano.
        « Augustam Ausciorum. »

« *toire paroissiale* de l'Archidiocèse d'Auch,
« que vous Lui avez offert, en l'accompagnant
« de lettres respectueuses. Sa Sainteté se
« réjouit du soin et des labeurs que vous
« avez employés à mettre en lumière des
« monuments sacrés et Elle est persuadée,
« qu'en écrivant avec conscience, vous avez
« réalisé le plan tracé dans vos lettres.

« Aussi, le Saint-Père vous offre les remer-
« ciements dus à votre hommage et vous
« accorde très affectueusement la Bénédiction
« Apostolique.

« En me réjouissant de vous faire part de
« cette nouvelle, je vous exprime mes senti-
« ments de sincère estime et me dis, Ill^me
« Monsieur, votre très dévoué.

« Rome, le 3 septembre 1890.

« Cardinal Rampolla.

« A l'Ill^me M. Cazauran,

« Professeur au Grand Séminaire d'Auch. »

Bénie d'avance par le Souverain Pontife,
cette étude sur *Notre-Dame de Cahuzac* contribuera, nous l'espérons, pour sa modeste
part, à la gloire du célèbre Sanctuaire de
Gimont.

Pourrions-nous terminer ce chapitre préli-
minaire, sans parler de la riche contribution
de matériaux que nous a fournie un dépôt
ignoré de papiers anciens, vrai trésor amassé

par une série de prêtres distingués, dont le souvenir est toujours vivant dans le diocèse d'Auch ? Nous voulons parler des archives particulières de Mademoiselle Marguerite d'Aignan, qui sait garder intact le respect séculaire de sa famille pour les reliques de l'Histoire.

Non contents de consacrer leur vie au gouvernement du diocèse, sous plusieurs archevêques, MM. les abbés d'Aignan du Sendat s'appliquèrent à réunir en volumes énormes des documents imprimés ou manuscrits destinés à la publication d'une grande étude sur la province d'Auch.

Leurs précieux recueils déposés à la Bibliothèque municipale d'Auch, au Grand Séminaire et à l'Archevêché, ne sont qu'une partie des chartes recueillies par ces feudistes éminents. Le reste de leurs *Glanages* est scrupuleusement gardé par Mademoiselle Marguerite d'Aignan, héritière de leurs vertus et de leur nom, qui, tant de fois, a daigné nous ouvrir les portes de son beau chartrier. Aussi, sommes-nous heureux de lui offrir publiquement le témoignage de notre gratitude et de rendre un hommage sincère à sa bonté constante, à son exquise bienveillance.

NOTRE-DAME DE CAHUZAC

(GIMONT)

CHAPITRE PREMIER

Les bonnes intentions dominent dans le livre de Jean Duclos, prêtre et chapelain de Notre-Dame de Cahuzac. Mais, déduction faite des réflexions morales et bibliques répandues dans l'ouvrage, il reste une place très limitée à la partie véritablement historique. Il était cependant facile à l'écrivain de puiser à des sources très sûres. Mais le bon chapelain tomba dans le travers familier aux auteurs pieux de son siècle, à E. Molinier, notamment, auteur du Lys du Val de Garaison, dont il imita les défauts, en émaillant son récit de trop de réflexions étrangères au sujet à traiter.

D'ailleurs, la critique fait généralement défaut dans les compositions du genre de celle de Jean Duclos. On va le voir, en particulier, au sujet de la légende de *Notre-Dame de Cahuzac*, qu'il semble avoir voulu tronquer, en ne tenant pas compte de la tradition antique, d'après laquelle le sanctuaire de Cahuzac devait sa naissance à un événement

tarda pas à déborder de sève religieuse. Une de bien différent de celui de l'apparition de la Vierge sur un *ormeau* (1), voisin de la chapelle.

Nous voudrions pouvoir laisser subsister, exclusivement, les données de l'opuscule de Jean Duclos, mais la vérité historique nous force à compléter sa thèse en remontant à plusieurs siècles au-delà de l'apparition de 1513. Le pèlerinage de Cahuzac n'a rien à perdre à nos recherches, il deviendra au contraire plus cher et paraîtra plus vénérable aux vrais amis de Notre-Dame.

Partie de Morimond, en 1137, une colonie de moines cisterciens vint fonder, en Astarac, le célèbre monastère de Berdoues (2), à trois kilomètres au sud de Mirande. L'abbaye naissante ne

(1) Dans le seul diocèse d'Auch, on compte au moins quatre pèlerinages de la Vierge fondés après l'apparition d'une statue miraculeuse sur des *ormes* : Cahuzac, le Cédon (Pavie), Biran et Tonnetau On le conclut, pour ce dernier sanctuaire, de la nature du bois dont furent faites diverses statues ciselées dans les restes de l'arbre sur lequel le prodige avait eu lieu. (Cfr. *Semaine Religieuse d'Auch*, année 1872-1873, p. 546.)

Le diocèse de Montauban n'a-t-il pas un pèlerinage de *Notre-Dame de Lorm* (Orme), étudié par M. Perducet ?

(2) De fait, ce fut vers 1128, époque de la prélature de Gauthier, abbé de Morimond, que le couvent de Berdoues fut fondé. On a dit et l'on répète bien à tort que ce monastère date de 1134. Est-ce possible ? Gauthier intervient dans cet acte. Or, il est mort en 1131 ! Mieux vaut s'en rapporter à Dom Estiennot, qui rédigea, à Berdoues même, une notice historique de l'abbaye. Elle débute par ces mots : *Waltherius, abbas Morimundi, anno MCXXVIII initium dedit cœnobio Berdouensi*. Les religieux ne prirent possession du couvent que dix ans plus tard. Le nouveau monastère succédait à une abbaye plus ancienne établie sur la rive droite de la Baïse ; les chartes du *Cartulaire de Berdoues* en font foi. On y voit que *Raymond le Vieux*, abbé laï de cette antique maison, s'entendit avec le comte d'Astarac et ses chevaliers pour la fondation du couvent cistercien de Berdoues.

ses filles, rayonnante de vie et pleine d'avenir, put
se montrer dans la plaine de la Gimone, en 1142.

Bernard, comte d'Astarac, avait fondé Berdoues,
de concert avec Gauthier, abbé de Morimond.
A Gérault, puissant seigneur du *Brouil* (1), de *Castelnau-Barbarens*, de *Corrensac* (2), *Miramont* et
autres terres, revint l'honneur d'ériger le monastère qui devait créer la ville de Gimont. L'accord
relatif à l'établissement du nouveau couvent cistercien eut lieu au château de *Mormont*, dans la
paroisse de Miramont, maintenant absorbée par la
commune d'Aubiet.

D'accord avec Mathilde de Gauzans, son épouse,
Gérault du Brouil, *pour l'honneur de Dieu et de la
Bienheureuse Vierge Marie, sa Mère*, fit hommage
aux nouveaux moines de cent concades de terre,
dans la forêt de *La Plagne* (Plana sylva), dit le
Cartulaire de Gimont (3).

(1) La famille du Brouil ne se contenta pas de doter le
monastère de Gimont. Elle lui fournit des Religieux,
dont un, Arnaud III (de Brolio) figure en qualité
d'abbé du couvent, dans la *Gallia christiana*. Hugues
du Tems le signale, dans le *Clergé de France* (t. i,
p. 433) : « VIII. Arnaud III de Brouil (de Brolio), dit-il, élu
en 1191, fit plusieurs acquisitions en 1192 et 1194. »

(2) Il y eut, autrefois, dans le diocèse d'Auch, l'archiprêtré du *Corrensaguet*, dont le chef-lieu était à *Corrensac*, localité comprise entre Aubiet et Blanquefort,
à partir du ruisseau de *Malomerci*, peut-être ainsi
nommé, dit-on, à cause des *fourches patibulaires* fixées
près de ce point. Pour les limites du *Courrensaguet*, voir
la *Revue de Gascogne*, t. xxx, p. 101, t. xxxi, p. 115.

(3) Ce manuscrit des archives du Grand Séminaire
d'Auch se compose de deux volumes in-4° avec couver-
tures en bois revêtues de basane verte. Il est écrit sur
parchemin et chaque page a deux colonnes.

On peut diviser le recueil en cinq parties :

1° *Abbaye :* Donations faites à l'abbaye de Gimont, en
deçà de la Garonne : 140 chartes ;

Déjà, depuis longtemps, la Reine du ciel avait pris possession, en maîtresse absolue, de ce coin béni du beau diocèse d'Auch. Un grand nombre d'églises y étaient consacrées à sa gloire. Faut-il citer, en dehors de la chapelle du nouveau couvent, les églises de *Sainte-Marie-de-la-Grasse*, de *Sainte-Marie-Saint-Orens* ou *Saint-Jean-de-las-Monges*, *Sainte-Marie-Travez*, *Sainte-Marie-de-Manville* et bien d'autres encore ?

Le territoire choisi pour l'abbaye était lui-même un fief de la Vierge Marie. Il se nommait CAHUZAC. On en lit la preuve en maint endroit du *Cartulaire de Gimont*, analysé dans la *Revue de Gascogne*, il y a quelques années (1), ainsi que dans plusieurs documents encore inédits, parmi lesquels nous citerons un *Mémoire* des archives du Grand Séminaire d'Auch, rédigé par M. Faure, abbé commendataire de Gimont.

L'existence du sanctuaire de *Notre-Dame de Cahuzac* est formellement affirmée, en ces divers

2° *Grange de Laus :* 213 chartes ;

3° *Grange du Fourc :* 83 chartes ;

4° *Grange de Francheville*, plus tard Solomiac : 102 chartes ;

5° *Grange de Saint-Soulan :* 130 chartes. Seulement, les chartes 129 et 130 se trouvent après la table des titres relatifs à Saint-Lys ;

6° *Grange d'Aiguebelle* (Saint-Lys et ses dépendances) : 139 chartes.

Il est bien regrettable que ce précieux recueil, providentiellement sauvé, pendant la Révolution, présente les imperfections notées dans les manuscrits de ce genre, au point de vue de la chronologie et de la nomenclature des Abbés. Parfois, les chartes sont écrites deux fois, par pure distraction du Frère copiste, qui prenait les titres au hasard, sans respect pour les dates de fondation.

(1) Cfr. : *Revue de Gascogne*, t. XII, pp. 198-203.

écrits, dès la première moitié du xiie siècle. En effet, Gérault du Brouil, sa femme et ses enfants offrent aux Cisterciens de l'abbaye de Gimont, précédemment dotés de cent concades de terre, tous leurs biens de *La Plagne*, de *Lartigue* et de Cahuzac.

Dans ce dernier, se trouve *comprise l'église rurale dudit Cahuzac*, construite par les prédécesseurs des susdits donateurs *à l'honneur de la Bienheureuse Vierge Marie, avec tous les droits qui en dépendent.*

Comme celle du 5 avril 1142, la nouvelle charte de Gérault du Brouil fut signée dans le château de *Mormont*, qui s'élevait, probablement, sur l'emplacement occupé, de nos jours, par la *Tour blanche*, dans la paroisse de Marrox. Remarquons bien les termes ci-dessus, doublement soulignés, de l'accord du 5 avril 1142, concernant Cahuzac.

L'église rurale de cette localité *a été bâtie par les prédécesseurs de Gérault du Brouil*, fondateur du monastère de Gimont, en 1142. Cette chapelle dédiée à la Vierge, est donc très ancienne, au xiie siècle ! De plus, c'est un simple sanctuaire consacré à la gloire de la Mère de Dieu, un lieu de dévotion, car aux termes de la charte, c'est une *église rurale* et le lieu qu'elle occupe est désert.

Si le territoire de *Cahuzac vient à être habité*, dit un autre titre du xiiie siècle, déposé aux archives du Grand Séminaire d'Auch, les religieux de l'abbaye entretiendront un recteur dans la chapelle de *Notre-Dame*. Cahuzac n'est pas encore peuplé, son église n'est qu'une chapelle de dévotion.

Ainsi se trouve parfaitement établie la haute antiquité du célèbre sanctuaire de *Cahuzac-Gimont* souvent désigné sous cette double appellation, depuis la fondation de la ville de Gimont par le monastère de Cahuzac. Le xix° siècle devait consacrer un jour ce double vocable en l'inscrivant sur les murs de la station du chemin de fer, bâtie à quelques centaines de mètres de la chapelle du miracle. Ainsi, s'explique, également, l'intérêt spécial que les moines de Gimont et les archevêques d'Auch attachèrent, de tout temps, à une église digne de leur pieux respect et de leur dévotion à l'égard de la Mère de Dieu.

Gérault du Brouil l'avait abandonnée *avec ses droits et dépendances* aux religieux bénédictins, avons-nous dit. Un jour, cependant, il s'éleva un violent débat, touchant cet édifice, entre le monastère et Amanieu II d'Armagnac, archevêque d'Auch (1261-1318). Si l'histoire était muette, peut-être, pourrait-on supposer que le conflit fut provoqué au sujet des droits prélevés sur les paroisses du diocèse, lorsque le prélat voulut relever l'église métropolitaine, ruinée par l'aveugle fureur de Bernard IV, comte d'Armagnac? Mais des monuments précis nous permettent d'indiquer avec exactitude la vraie cause du désaccord.

Gérault du Brouil et Mathilde de Gauzans, sa femme, avaient, comme on l'a dit, offert au monastère de Cahuzac, le territoire de ce nom, avec ses dîmes, ses divers revenus. Or, il arriva que le couvent conçut le projet d'étendre sa juridiction aux localités voisines, et d'augmenter ses revenus, par ces accroissements. Il prétendit avoir droit de direction sur les églises de Montaut, de Juilles, de Combeprofonde, de Saint-Caprais, de Marrox, de Corrensac, de Manville et de *Notre-Dame de Cahuzac*, où il prenait les dîmes.

Amanieu, archevêque d'Auch, s'opposa à de telles entreprises (1). La solution du différend fut remise au jugement de Garcie, chanoine de Dax, admis comme arbitre par le prélat et le couvent.

En vertu de la sentence de Garcie, rendue le 27 juin 1279, l'archevêque et ses successeurs percevront toutes les dîmes, tous les revenus de Montaut, Juilles, Combeprofonde et Saint-Caprais. A l'abbé reviendront les dîmes et revenus des églises de Marrox, Corrensac, Manville et Cahuzac. Les dîmes et prémices de l'église de Cahuzac dépendantes de la chapelle et du territoire de ce nom sur lequel se trouvait bâti le monastère cistercien, devaient donc appartenir au couvent, qui avait le devoir de présenter à l'archevêque d'Auch, pour en recevoir l'institution, le curé qui, plus tard, serait nommé à Cahuzac, si ce territoire était, un jour, peuplé.

Quand viendra ce moment ? On ne voyait guère que broussailles et bois sur les deux rives de la Gimone, au temps où les moines vinrent s'y fixer pour transformer en champs fertiles les terres abandonnées par les riches seigneurs, les tenanciers de tout ordre, à leur inépuisable et sainte activité.

Gardons-nous, cependant, de penser que les pays voisins de Cahuzac soient privés d'habitants. Chaque page du *Cartulaire de Gimont* nous montre le contraire, en signalant l'hommage fait à l'abbaye par d'innombrables bienfaiteurs de beaux domaines *avec hommes, femmes, villages, terres cultes et incultes.*

(1) *Glanages* de l'abbé Daignan du Sendat, à la Bibliothèque municipale d'Auch.

D'ailleurs, la multitude d'églises bâties à cette époque, sur les territoires actuels d'Aubiet, de Gimont, de Juilles, de Marrox, etc., n'est-elle pas la preuve évidente de l'existence d'une population rurale assez dense sur les bords de la Gimone ? Et puis, que de châteaux occupés par de puissants chevaliers aussi ardents pour doter les moines de l'abbaye naissante que pour voler à la défense du tombeau du Sauveur ! Lisez le *Cartulaire de Gimont !* Partout, vous trouverez l'énumération de *terres cultivées, de vignes, d'exploitations et de jardins*, ordinairement exceptés des libéralités consenties en faveur des religieux auxquels on offre, principalement, *des terres sans culture*.

Tel était l'état du domaine de Cahuzac lui-même où, d'après le *Cartulaire de Gimont*, plusieurs importantes maisons percevaient, simultanément, diverses redevances. Il suffit de signaler parmi les décimateurs de ce territoire les seigneurs du *Brouil*, de *Siattserre*, établi entre Escornebœuf, Touget et la Gimone et de *Piémont*, entre Blanquefort et Mauvezin. Or, les églises nouvellement attribuées à l'archevêque d'Auch et aux moines de Gimont étaient limitrophes les unes des autres. Afin d'éviter tout nouveau conflit, il importait d'en établir une délimitation très nette et d'une parfaite précision. Ce fut le but de l'œuvre de Garcie, arbitre des deux parties adverses. Malheureusement, la mort le surprit au milieu de son entreprise, de sorte que le champ demeura ouvert à de nouvelles contestations, pendant une période de trente ans, environ, après laquelle intervint une transaction conclue en 1308.

Cet accord, dont une copie est conservée dans les

archives particulières de la famille d'Aignan, à Auch, régla bien le partage des églises, conformément à la sentence du chanoine de Dax, en 1279, mais il laissait encore incertaines les limites des dîmaires des églises contestées, ce qui occasionna de nouvelles querelles.

Aussi, qu'arriva-t-il ? La sentence arbitrale de 1279 n'étant pas encore mise à exécution, il y eut procès entre l'abbé de Gimont et François de Savoie, archevêque d'Auch (1483-1490). Celui-ci voulut contester le jugement rendu, qui, de fait, reçut la confirmation du sénéchal de Toulouse, l'an 1489, et même. assure-t-on, l'approbation du Parlement, en vertu d'un arrêt de 1502. « Tout cela, dit un *Mémoire* des archives de la famille d'Aignan, à Auch, est tiré des actes des religieux de Gimont. D'après ce document de 1680, l'archevêque d'Auch était passible *d'une amende de cinquante marcs d'or*, s'il osait s'opposer à l'arrêt du Parlement de Toulouse. » Nous en reparlerons.

L'abbaye de Gimont demeurait donc victorieuse dans cette lutte mémorable qui garantissait les droits de ses religieux sur le territoire et l'église de *Notre-Dame de Cahuzac*.

CHAPITRE II

Sommaire : Apparition de *Notre-Dame de Pitié* sur l'*Orme de Cahuzac*. — Translation de la sainte image dans l'abbaye de Gimont, triple retour de la statue miraculeuse à *Notre-Dame de Cahuzac*. — Légende primitive de *Notre-Dame de Cahuzac*. — Le sanctuaire de ce nom est le plus ancien du diocèse d'Auch. — Anachronismes de la déclaration de Dom Gelède, prieur de l'abbaye de Gimont.

Tandis que les hommes se disputaient un sanctuaire vénéré par la foule des fidèles, Dieu s'apprêtait à y faire éclater une fois encore la gloire de la Vierge Marie, d'après une tradition accréditée, surtout, par l'ouvrage du chapelain Duclos.

Au commencement du xvi⁰ siècle se serait accompli, en effet, à *Notre-Dame de Cahuzac* un événement considérable que la *Gallia christiania* et le *Clergé de France* placent sous le gouvernement de l'abbaye de Gimont, par Aymeric de Bidos, abbé du monastère (1510-1556), et successeur de Pierre VI de Bidos (1482-1510), dans la direction du couvent de Gimont. Pierre de Bidos s'était distingué par de grands travaux exécutés autour de l'abbaye, notamment par la construction de la chapelle dédiée à la Vierge à l'angle nord-ouest du mur d'enceinte du couvent et l'érection du mur bâti autour du monastère, comme le rappelle l'inscription gothique suivante gravée en beaux caractères au-dessus de la porte murée, qu'on aperçoit à l'angle nord-ouest de la clôture du couvent. L'inscription est romane :

*Lan : M¹D⁶ : Mossen : Pey : Debidos : abat : fei : fe
la : present : capera : le : la : clautura : et.*

Le sculpteur aura écrit LE *la clausura* pour :
ET *la clausure.* Ces erreurs épigraphiques sont fréquentes, à toutes les époques Les deux lettres
finales ET sont, probablement, pour *etcetera.*
D'autres travaux, peut-être, celui de bâtiments
adjacents au monastère, durent marquer l'administration du même abbé. En tout cas, le texte
gothique est celui-ci, en français : *L'an mil cinq
cents, Messire Pierre de Bidos fit faire la présente
chapelle et la clôture, etc.*

Son successeur, Aymeric de Bidos se distingua,
lui-même, par des constructions remarquables.

« De son temps, raconte Hugues du Tems (1),
commença la dévotion de *Notre-Dame de Cahuzac-
lez-Gimont,* à l'occasion d'une clarté qu'un berger
crut avoir aperçue sur un orme, autour d'une
image de la Sainte Vierge. » Ainsi, se trouve analysée en deux ou trois lignes la légende populaire
de *Notre-Dame de Cahuzac,* exposée avec détails
dans l'opuscule de Jean Duclos (2), comme par
M. Daignan du Sendat, dans les *Glanages* de la
bibliothèque municipale d'Auch (3). En voici les
grands traits :

Un berger conduisant ses vaches au pâturage,
le 27 du mois de septembre 1513, passait près d'une

____

(1) *Clergé de France,* t. I, p. 434.
(2) *Tableau de la miraculeuse chapelle de Notre-
Dame de Cahuzac.*
(3) Voir la page 821 du tome LXXII des manuscrits de
la Bibliothèque municipale d'Auch. On peut lire, dans ce
même volume, aux pièces justificatives, une foule de
documents qui concernent le pèlerinage de Notre-Dame
de Cahuzac.

haie voisine de la route d'Auch à Toulouse (1), à l'ouest, et à quinze cents mètres environ de la ville de Gimont. Tout à coup, les animaux s'arrêtent, immobiles, comme saisis de stupeur et refusent de marcher, quels que soient les efforts de l'enfant pour les faire avancer.

(1) Ce chemin, voisin de la chapelle, était un vestige de l'antique voie romaine qui, partant de Toulouse, passait à Léguevin, L'Isle-Jourdain, Ambon, Cahuzac, Aubiet, Marsan et Auch, pour se diriger, ensuite, vers l'Espagne et aboutir à *Saint-Jacques de Compostelle*.

En dehors des grandes lignes signalées dans le chapitre premier du IVe livre du *Codex de Saint-Jacques de Compostelle*, il y avait, en nos pays, une infinité de voies établies, notamment dans les vallées, le long de nos petites rivières, où les hôpitaux destinés aux pieux voyageurs se multiplièrent comme par enchantement.

En veut-on une preuve pour la seule vallée du Gers, entre Auch et la limite des Hautes-Pyrénées, au-delà de Masseube ? De l'hôpital d'Auch, le pèlerin allait à celui de Saint-Jean, à Pavie. Puis, il rencontrait celui de Masseube et pouvait s'arrêter à celui de Samaran. La distance entre Pavie et Masseube paraît considérable pour les pèlerins. N'y avait-il pas une autre halte de même espèce, vers Sansan, pays plein de souvenirs gallo-romains ? On serait tenté de le croire en lisant ces lignes de la charte 452 du cartulaire de Berdoues, qui donnent Sansan, comme une localité marquante. « ... *Illi de* Pessano non percipiant decimas de cœtero « in terris fratrum Berdonarum... nisi de terra combe « que est supra viam *publicam veterem, que via venit* « *a civitate auscitana et ascendit versus* Sansan. »

Défense aux moines de Pessan de percevoir les dîmes sur les terres des Religieux de Berdoues, en dehors de la terre de la *combe* située au-dessus de *l'antique voie publique, qui, partant d'Auch, monte vers* Sansan. Ce chemin, construit sur la rive droite du Gers, passait devant la *Tour de Sansan*, magnifique *Stèle* ou *Pile gallo-romaine*, qui sert de clocher à l'église neuve de la paroisse. On s'efforcerait vainement de considérer cet édifice comme une œuvre moderne, un vulgaire clocher. C'est un *Temple païen*, dont nous avons fait la description dans une plaquette publiée en 1890, par la librairie Maisonneuve, de Paris, sous le titre : *Temple païen de Sansan*, etc...

Étonné, le pastour porte ses yeux de tous côtés, cherchant autour de lui l'explication d'un phénomène si étrange. O surprise ! sur le tronc d'un ormeau inondé de lumière, se détache une petite statue de *Notre-Dame de Pitié*, étincelante de clarté. Tombant à genoux, l'enfant prie la Vierge avec ferveur et court au monastère pour annoncer aux religieux la nouvelle du prodige.

Vite, les moines se rendent sur le théâtre du

L'apparition du berger, à Cahuzac.

miracle, prennent, avec respect, l'image de la Vierge aperçue sur le territoire de leur couvent et la déposent pieusement dans la chapelle de l'abbaye, consacrée à la Mère de Dieu.

Le lendemain, la statue s'était enfuie de cet asile pour reprendre sa place sur l'ormeau de l'apparition. Les religieux l'y recueillirent encore pour la garder au milieu d'eux. Peine inutile! La Vierge les quitta de nouveau. Elle voulait recevoir les hommages des fidèles à l'endroit privilégié qu'elle s'était elle-même choisi. Après un troisième essai, également infructueux, il fut donc résolu qu'on bâtirait, au lieu de l'apparition, une chapelle digne de la Mère du Sauveur.

Dieu nous garde de contredire un écrit consacré par les siècles et tacitement approuvé par les archevêques d'Auch. Mais si l'événement de 1313 est certain — des auteurs sérieux et une longue tradition l'affirment (1) — il faut reconnaître que

(1) Pour M. Dubord, ancien curé d'Aubiet, nous écrit M. l'abbé Dupuy, Supérieur des Missionnaires d'Auch, « l'apparition de la statue sur l'*Ormeau* ne fait aucun doute, et il s'appuie sur Jean Duclos (auteur du *Tableau de Notre-Dame de Cahuzac*), qu'il déclare digne de toute confiance, et sur un mémoire de Dom Gelède, prieur du couvent de Gimont »

« Les détails circonstanciés et précis qui précèdent, dit M Dubord, au chapitre XI de son étude sur *Notre-Dame de Cahuzac*, sont tirés d'un mémoire manuscrit qui a pour titre : *Mémoire des titres par lesquels il appert comme la chapelle de Cahuzac appartient au couvent et religieux de Gimont.*

« Ce *Mémoire* autographe fut écrit par Dom Gelède, prieur claustral de l'abbaye, à la demande de Jules-César Faure Berbesses ou de Fabre, abbé commendataire de Gimont de 1662 à 1685. Il est sans date. Dom Gelède était vieux quand il écrivit ce *Mémoire*... On ne peut douter que, de son temps, tout ce qui se rapportait à la construction de la chapelle ne fût encore très vivant

le sanctuaire de Cahuzac est doublement vénérable
pour le peuple chrétien, car il appartient, d'ailleurs, à la plus haute antiquité par un autre prodige, non moins célèbre que celui de l'Orme à la
Vierge de Pitié. Avant de le rappeler, il nous
paraît utile de ne pas admettre sans observation le
langage de Hugues du Tems et de Jean Duclos, qui
attribuent aux premières années du xvi⁰ siècle,
l'origine d'un sanctuaire, qui appartient à une
époque bien plus reculée. S'ils eussent mieux étudié les archives de leur temps, ils auraient admis
deux légendes successives pour la chapelle miraculeuse. Nous le ferons, pour notre part, sans vouloir discuter les points communs de deux événements qui sembléraient faire croire à un prodige
unique initial travesti par les âges et mis un jour,
à la mode des *Vierges à l'orme* du xvi⁰ siècle, par le
chapelain de Cahuzac, M. l'abbé Duclos.

**Antique légende de Notre-Dame de Cahu-
zac.** — D'après une pièce authentique des archives
de Mademoiselle d'Aignan, à Auch, Mgr Dominique
de Vic, archevêque d'Auch, s'était transporté à
Notre-Dame de Cahuzac, le 9 décembre 1642, afin
de rétablir l'ordre et la paix dans ce pèlerinage.

Or, Dom Gelède, prieur de l'abbaye de Gimont,
fut prié, par le prélat, de présenter l'acte de fondation de la chapelle de Cahuzac (1). « Je ne le puis,

et, qu'en outre des documents écrits, qu'il avait certainement entre les mains, il n'ait pu se renseigner près
de personnes qui avaient été elles-mêmes témoins des
faits relatés dans son *Mémoire.* » (Communication de
M. l'abbé Dupuy, supérieur des Missionnaires d'Auch et
de Cahuzac.)

(1) Page 13 du *Mémoire* des archives de Mademoiselle
d'Aignan, à Auch.

répondit le moine, car les anciens titres du sanctuaire ont disparu. » Toutefois, se fiant à ses souvenirs, il consentit à rappeler les origines du pèlerinage. Ces souvenirs n'étaient pas sûrs, le lecteur en jugera. C'est ce qui explique, sans doute, la confusion de deux légendes distinctes, chez le bon religieux. Avant l'érection du sanctuaire actuel, dit-il, la chapelle dédiée à la Vierge était bâtie en terre. Puis, il ajouta :

« Sur le commencement du cinquiesme siècle,
« un cavalier passant tout proche et se trouvant
« en grande extrémité aurait eu recours à la
« Vierge, dont il voyait l'image dans la petite cha-
« pelle, de laquelle il avait obtenu le secours qu'il
« demandait. Cette merveille ayant été publiée par
« celui qui avait ressenti l'effet d'une si grande
« faveur, les abbé et religieux de l'abbaye en
« estant informés auraient fait transporter l'image
« de la Vierge de cette petite chapelle dans l'église
« de l'abbaye d'où, durant la nuit, elle fut miracu-
« leusement transportée à son premier lieu ; ce
« qu'ayant esté fait par trois différentes fois,
« l'abbé assisté des aumosnes, des bonnes gens
« fit bastir, en l'an 1503 ou 1504, l'église en l'estat
« qu'on la voit aujourd'hui. Pour cela, il y a quel-
« ques actes qui le vérifient. »

Lorsqu'il eut entendu le récit du Prieur, l'archevêque d'Auch ordonna que, « dans le mois, il en seroit faict extrait pour être remis en son secrétariat (1). » Rien ne contredit les assertions du moine dans cet acte officiel signé de la main de Mgr de Vic lui-même, qui devait connaître la

____

(1) Archives de Mademoiselle d'Aignan, à Auch.

légende de la chapelle miraculeuse de Gimont, car
après avoir pris part à l'administration du diocèse
d'Auch. sous Mgr de Trapes, il le gouverna, comme
archevêque, de 1629 à 1661. Au contraire, dans sa
visite de l'église de Cahuzac, le Prélat fait déclarer,
dans le procès-verbal, rédigé par son secrétaire,
que, dans la première chapelle, voisine du maître-
autel, au couchant, côté de l'évangile, l'autel « a un
« contre-autel (retable) de bois peint et doré, où, en
« demi-bosse, est représentée une apparition de la
« Vierge glorieuse *marquant quelque miracle que la
« tradition apprend estre* LE FONDEMENT ET LE PRIN-
« CIPE DE LA DÉVOTION DE CETTE CHAPELLE. »

Ce bas-relief, qui existe encore dans le sanctuaire de Cahuzac, ne contient aucune allusion à
l'arbre lumineux de *Notre-Dame de Pitié*. Voyez-le
dans la première chapelle rayonnante de l'ouest de
Notre-Dame de Cahuzac. Il est adossé au mur septentrional, depuis qu'un remaniement mal éclairé
de l'église miraculeuse l'a fait passer, au XIXe siècle,
de la chapelle nord-ouest, où il fut primitivement
installé, dans la chapelle sud-ouest. Nous le décrirons ailleurs en accompagnant nos remarques d'une
bonne photographie, due à M. l'abbé Garros, professeur au petit séminaire d'Auch.

D'après les livres de comptes de la chapelle, partiellement reproduits dans les archives de Mademoiselle d'Aignan, à Auch, ce bas-relief fut exécuté,
avec celui de la chapelle nord-est, en 1548. On faisait alors, « les *contre-autels* (retables) des deux cha-
» pelles proches du maître-autel. »

De ce qui précède, il semble résulter que la
légende de l'*Orme lumineux avec la statuette de
Notre-Dame de Pitié*, avait un tel crédit, à cette

époque, que le rédacteur du procès-verbal de visite de Mgr de Vic ne crut pas devoir en faire mention. Il se borna à rappeler l'événement beaucoup plus ancien que nous venons de relater, pour répondre à la question précise posée par l'archevêque au sujet des origines du pèlerinage ? Dom Gelède, prieur de l'abbaye, certainement instruit de tout ce qui concernait la seconde apparition du XVIe siècle, n'aurait pas manqué de mentionner un fait de cette importance dans le document pontifical de 1642, s'il n'eût été connu de tous.

Sa déposition, faite de mémoire, renferme toutefois, il faut en convenir, des confusions manifestes, de singuliers anachronismes Selon son témoignage, la nouvelle chapelle aurait été bâtie vers 1503 ou 1504, tandis qu'on n'en jeta les fondements qu'en 1515. Le miracle de la première apparition aurait eu lieu *« sur le commencement du cinquiesme siècle. »* Les moines de l'abbaye, informés du prodige, auraient fait transporter trois fois l'image de la Vierge dans la chapelle du monastère d'où elle revint trois fois au point de départ. Puis, les religieux auraient fait construire la chapelle actuelle (en 1503 ou 1504) qui, de fait, ne remonte qu'à 1515. D'autre part, le couvent fut simplement fondé en 1142. Comment concilier ces données ?

Peut-être, cependant, le récit de Dom Gelède paraîtrait-il moins attaquable, s'il était possible d'établir que l'abbaye de Gimont s'éleva dans le voisinage ou sur l'emplacement d'un monastère plus ancien, comme il arriva pour celle de Berdoues, sa mère. Preuves en mains, appuyé sur des chartes inscrites dans le *Cartulaire de Berdoues,* nous démontrons plus haut (page 14, note 2) que le

monastère cistercien de Berdoues succéda à un
couvent bénédictin, fondé longtemps avant le
XIIe siècle. Si le même fait pouvait être démontré
pour Gimont, la légende du cavalier rapportée par
Dom Gelède, serait plus acceptable et l'on s'expliquerait, dans une certaine mesure, l'anachro-
nisme (1) du religieux plus expert dans les travaux de l'agriculture que dans l'étude de l'histoire.
En redressant son assertion, manifestement erronée, touchant l'époque du prodige, on pourrait
attribuer l'événement au VIe ou au VIIe siècle,
d'après la tradition reçue à Cahuzac, ce qui justi-
fierait l'affirmation de Gérault du Brouil, décla-
rant, en 1142, que l'église de *Notre-Dame de Cahuzac fut bâtie par ses prédécesseurs.*

Malgré ces fausses dates, en dépit de ces inco-
hérences, il ressort de ce que nous venons de
dire que le pèlerinage de Cahuzac est le plus
ancien, le plus vénérable du diocèse d'Auch, par sa
haute antiquité.

Induit en erreur par une tradition populaire
incomplète et mal rendue, qui dut prendre corps
entre le milieu du XVIIe siècle et l'année 1686, date
de la publication du *Tableau de Notre-Dame de
Cahuzac,* Jean Duclos, dont le manque de critique
est manifeste, dans son livre, aura uniquement
accepté la légende de l'*Orme,* sans la discuter,
comme il convenait, à la lumière de l'histoire,
pour s'épargner la peine de remonter plus haut.

Mieux informé, il n'aurait pas attribué l'*origine*

----

(1) Saint Benoît, né à Nursie, en 480, mourut en 543. Il
fonda l'ordre qui porte son nom. Ce n'est donc pas au
commencement du Ve siècle qu'il put permettre l'établissement d'un couvent sur les bords de la Gimone.

du pèlerinage au seul prodige de 1513, *quinze jours après l'apparition*. Le sanctuaire était déjà très ancien en ce moment. Tout le démontre (1).

(1) L'église primitive de Juilles s'élevait à l'ouest, dans un vallon qui porte le nom de *Guillas*. Chaque année, la procession des Rogations s'arrête et chante un *De profundis* sur son emplacement, près du ruisseau de *Boybédat*. D'après une tradition ancienne, il y aurait eu, jadis, en cet endroit, un COUVENT, dont il ne reste pas vestige. L'abbaye de Gimont est très voisine de ce point!...

CHAPITRE III

Sommaire : L'église primitive de *Notre-Dame de Cahuzac* est remplacée par un magnifique édifice, en 1513, grâce au zèle d'Aymeric de Bidos, abbé régulier du monastère de Gimont, qui utilise pour l'œuvre les aumônes des fidèles.

S'il est impossible d'assigner la date exacte de la fondation de la chapelle primitive du pèlerinage de Cahuzac, il est aisé de faire connaître celle de l'érection du monument qui la remplaça.

Quinze jours après l'apparition (de la statue sur l'Orme), raconte Jean Duclos, on acheta (12 octobre 1513), le jardin où s'était accompli le prodige, pour y construire un sanctuaire en l'honneur de la Vierge. Le bon chapelain n'a pas l'air de soupçonner l'existence de l'édifice plus ancien, dont nous avons parlé.

La vérité est qu'une belle église gothique fut substituée à un édicule en terre, probablement pourvu d'une grille à balustre, qui permettait aux passants de voir l'image de la Vierge. C'est ce qui ressort clairement de la légende du chevalier sauvé par *Notre-Dame de Cahuzac, dont il voyait l'image dans la petite chapelle.*

Grâce au livre de comptes du sanctuaire, précieusement conservé jusqu'à nos jours, nous connaissons les noms des fondateurs, de la nouvelle église de Cahuzac et le moment précis de son érection.

En 1513, les marguilliers de Notre-Dame de Cahuzac achètent six places de terre à Marot Nicolas pour bâtir la nouvelle chapelle, moyennant la somme de sept écus, sept sols et quatre deniers. Le contrat fut passé par Marsans, notaire, le 27 septembre 1513, et non *le 12 octobre 1513,* comme le disent Jean Duclos et certains documents. C'est, du moins, ce qu'atteste le *Mémoire* inséré tout au long dans le feuillet initial du premier livre des marguilliers, écrit au XVIIe siècle contre les prétentions de l'abbaye de Gimont sur le pèlerinage de Cahuzac, dit une pièce des archives de Mademoiselle d'Aignan, à Auch.

Il faut noter, cependant, qu'au dire des livres des marguilliers, l'église ne commença à s'élever qu'à partir de 1515. Elle fut bâtie en vertu de cet accord « par prudents et sages hommes Arnaud de Cazemage, etc., ouvriers institués et créés par le R. P. Aymeric de Bidos, abbé de Gimont, et par sages hommes Pierre de Gau, etc., consuls de Gimont. »

On poursuivit les travaux, en 1516 et les années suivantes, jusqu'en 1528, époque probable de l'achèvement de l'édifice, car, à cette date, les marguilliers du sanctuaire paient à l'abbé de Gimont *six écus pour faire bénir la chapelle.*

Dès l'année 1517, on avait acheté pour le sanctuaire un calice en argent et divers ornements. D'autres acquisitions sont constatées pour les années suivantes et l'on sait que, par la libéralité des fidèles du pays et des pèlerins, le sanctuaire alla sans cesse grandissant. Ses revenus lui permettaient même de venir au secours de la paroisse de Gimont.

En 1555, 1556, 1557 et 1560, il contribua aux dépenses du rétable de l'église de Gimont. Plus tard, la chapelle fournit à la ville une subvention régulière pour payer les gages du régent. Que diront les partisans de l'école moderne, en voyant que, longtemps avant l'invention de l'instruction obligatoire,' *Notre-Dame de Cahuzac* songeait à l'éducation des enfants du peuple ?

Tous ces détails sont minutieusement relatés dans les livres de comptes du sanctuaire, déposés dans les archives particulières de Mademoiselle d'Aignan, à Auch.

Parlant de la chapelle primitive de Cahuzac, « c'était un très modeste édifice bâti en terre, » dit un *Mémoire des Glanages* de M. Daignan du Sendat, conservés dans la bibliothèque de l'archevêché d'Auch « et si deffunct messire Aymeric de Bidos, abbé, neust eu le zèle et le soing de faire bastir la chapelle telle qu'elle est aujourd'hui, ajoute le manuscrit, en la magnificence qu'elle est, au lieu de l'ancienne chétive esglize de terre, » jamais la chapelle primitive ne fût sortie de ses modestes proportions. Impossible de citer des textes plus précis pour indiquer l'auteur des nouvelles constructions de *Notre-Dame de Cahuzac* et attester l'existence du pèlerinage avant les événements miraculeux attribués par Duclos, au commencement du xvie siècle. D'ailleurs, Aymeric de Bidos déclare expressément, dans son règlement destiné aux chapelains que la chapelle a été reconstruite par ses soins « *sur ses mesures anciennes, fondements*, etc. »

L'abbé de Gimont a-t-il exclusivement consacré les dons et « les offrandes » de dix-sept années de pèlerinages « pour l'érection d'une église des plus belles et des plus riches en France, » suivant le langage du *Tableau des merveilles de Notre-Dame de Cahuzac?* M. Daignan du Sendat semble en douter dans la notice de quatre pages qu'il consacre au sanctuaire de Cahuzac, au volume 72 des manuscrits de la bibliothèque d'Auch (p. 821).

« L'abbé, les religieux (de Gimont) et les consuls de cette ville firent des dons et des offrandes des fidèles élever l'église qu'on voit aujourd'hui à Cahuzac. Dix-sept personnes fournirent assez d'argent pour bastir dans un jardin qui fut acheté, le 12 du mois d'octobre de l'an 1513 et quoique les marguilliers eussent fourni le territoire acheté des dons des fidèles pour bastir l'esglise, ils y firent mettre les armes de l'abbé. » Ce dernier fait est authentique. les armes de Dom Bidos décorent encore la chapelle de Cahuzac. L'honneur fait à l'abbé n'autorise pas à croire, cependant, que l'abbaye de Gimont concourut seule à la construction de la nouvelle chapelle.

Les livres de comptes du sanctuaire témoignent du contraire, en exagérant, peut-être un peu, la contribution fournie par les fidèles. « Elle (la chapelle) n'a esté bastie que des aumosnes des pèlerins (1), en telle sorte que lorsqu'on a pris des poutres et des solives dans les bois du sieur abbé ou que, pour bastir, on a pris de la chaux ou tuiles du même abbé, on a effectivement payé à l'abbé la valeur de ces matériaux. » L'assertion se trouve justifiée par les comptes de 1515, 1516, 1517, par d'autres actes, où il est expressément dit qu'on a

____

(1) *Mémoire* des archives de Mademoiselle d'Aignan, à Auch.

payé à l'abbé trente-huit écus pour 13,800 tuiles, trente écus pour 4,000 tuiles, vingt livres pour 20 pipes de chaux, cinquante écus pour 50 pipes de chaux et ainsi des autres articles dans lesquels il est affirmé en termes formels *que les sommes ont été payées au sieur abbé.*

Toutefois, Aymeric de Bidos ne dut pas se borner à fournir, contre argent, des matériaux pour la chapelle, bien que, en dehors de la part active qu'il prit dans l'œuvre, on ne puisse pas préciser la mesure de ses largesses et des libéralités du couvent.

Dans les statuts rédigés pour les chapelains, l'abbé, affirmant que l'église de Cahuzac appartient au monastère, ajoute « qu'elle a été bastie par son » soing... avec le secours et bienfaits de plusieurs » honorables et dévotes personnes. »

Serait-il, d'ailleurs, trop téméraire de penser que les archevêques d'Auch, avertis des prodiges accomplis dans le sanctuaire qui s'élevait à la gloire de la Vierge, voulurent, à leur tour, participer à la sainte entreprise ?

Ne serait-ce pas François-Guillaume, cardinal de Clermont-Lodève, archevêque d'Auch (1507-1538), qui, après avoir confié les célèbres vitraux de sa cathédrale au génie d'Arnaud de Moles, aurait demandé à l'illustre peintre-verrier des Landes, d'enrichir de ses œuvres la *chapelle de Notre-Dame de Cahuzac ?* Du moins est-il certain qu'au milieu des compositions modernes qui décorent les baies de Cahuzac, on admire d'intéressants vestiges d'ouvrages attribués à l'auteur des merveilles aucitaines (V. p. 162).

CHAPITRE IV

Le concours sans cesse croissant des foules
chrétiennes qui se portaient vers le sanctuaire de
Notre-Dame de Cahuzac, avait réclamé l'institution
de chapelains spéciaux, exclusivement chargés
des soins du pèlerinage. N'avons-nous pas vu
Aymeric de Bidos procéder à la création des deux
premiers, dès l'année 1512 ? Quelques années
avant sa mort, le même abbé, qui fut l'âme de la
restauration du sanctuaire, dressa des règlements
écrits en latin, pour les gardiens de la chapelle.
Dominique de Vic, archevêque d'Auch, approuva,
dans le château de Mazères, les statuts en vingt-et-
un articles, composés sous son pontificat. Ce fut le
1ᵉʳ décembre 1640. Prunières, secrétaire du prélat,
contresigna le règlement traduit en français.

Voici l'analyse de ce document rédigé par l'abbé
de Gimont, le 12 mars 1552 :

« Comme soit ainsi que les anciens abbés et
« religieux de Gimont pour la plus grande gloire
« de Dieu et de la Très Sainte Vierge aient tou-
« jours eu un soing particulier de l'église de
« Notre-Dame de Cahuzac, dépendante de notre
« monastère et que pour le bon état d'icelle, ils
« eussent eu tant qu'à eux appartenait fait un
« règlement et statut concernant l'ordre de ce que
« les pasteurs d'icelle, marguilliers et autres y
« aiant charge avoient à faire chacun en son
« égard, lequel a esté gardé et observé, non sans
« quelque petit changement lequel à la longue
« pouvoit estre préjudiciable à ladite église et à
« nous. A cette cause, nous avons traduit du latin
« en français, pour une plus facile intelligence et
« d'autant que la chose principale regarde l'état
« spirituel, vous supplions vouloir confirmer et
« autoriser ledit statut, etc. »

Ces lignes, adressées à Dominique de Vic, pré-
cédaient le règlement des chapelains, dont voici
l'analyse :

« Nous, frère Aymeric de Bidos, abbé de *Notre-
Dame de Gimont...* désirant conserver la durée
(du sanctuaire de Cahuzac) autant qu'il plaira à
Dieu, qui, par sa sainte grâce et miséricorde, nous
a fait voir par plusieurs miracles, combien lui sont
agréables les visites, pèlerinages, vœux et prières
que plusieurs fidèles chrétiens lui ont rendu et
rendent journellement en l'église Notre-Dame de
Cahuzac-lez-la-ville-de-Gimont, appartenante et
dépendante du monastère de Gimont, nous avons
estimé estre de notre debvoir d'establir et donner règlement à toutes les choses qui concernent l'état tant spirituel que temporel de notre

dite église en tant que nous appartient, laquelle a esté bastie par notre soing sur ses mesures anciennes, fondements avec le secours et bienfaits de plusieurs honorables et dévotes personnes et à cette fin que Dieu et la Très Sainte Vierge Marie y soient éternellement servis et loués. »

Il y aura toujours deux prêtres chargés du soin de l'église. L'un des deux ecclésiastiques sera vicaire de l'abbé, *l'autre, gardien ordinaire, tant de nuict que de jour, de ladite église.*

Les titulaires seront soumis à l'approbation de l'archevêque.

Leur demeure sera *dans la maison joignant lad. église,* au moins pour le gardien. Le service des femmes leur *est entièrement interdit, de que (quelque) eaige que ce soit, pour ne donner aucun advantage aux médisans.*

Ils recevront en toute dévotion et honneur ceux qui viendront à ladite chapelle « et recevront leurs vœux et offrandes et mettront *les choses offertes fidèlement ez mains des marguilliers.* »

Il y aura six marguilliers, « comme de coutume « par le passé. Les revenus des offrandes seront « déposés dans un coffre à six clés, dont chaque « marguillier aura une. »

L'abbé demande, sur le revenu, *50 livres d'argent et 20 livres de cire et 6 de flambeaux.*

De plus, il se réserve la célébration de la grand'-messe, les fêtes principales de Notre-Dame. Il y enverra des religieux, comme de coutume, et on y chantera vêpres, la veille de la Visitation.

Il règle la célébration des messes des prêtres qui viennent à la chapelle. Si quelqu'un, parmi ces derniers, commettait un excès, il serait repoussé et soumis à une censure.

« Et pour éviter tous abus, les prêtres et les
« marguilliers tiendront l'œil que certains garçons
« apostés à prévenir les bonnes gens et indiquer
« des prestres prêts à célébrer la messe qui, quel-
« quefois, ont célébré et d'autres qui s'en vont
« célébrer ailleurs par obligation, qui est un com-
« merce de tout scandaleux et indécent ; pour ce,
« prendront-ils garde à faire chasser avec châti-
« ment telle marmaille, et les prêtres qui y consen-
« tiraient encourraient la censure susdite » (à
savoir, privation d'autel pour dire la messe, expulsion de la chapelle, censure) « et leur seront refu-
sés ornements et autels. »

Par les termes de ces règlements, on peut juger
des désordres qui affligeaient le pèlerinage de
Notre-Dame de Cahuzac. Vers le même temps, les
abus étaient au moins aussi grands dans un autre
célèbre sanctuaire du diocèse d'Auch. Nous voulons
parler de *Garaison*, qui eut avec Cahuzac plus
d'un point de contact. Mgr Léonard de Trapes et
son vaillant auxiliaire, Pierre Geoffroy, né à
Lorme, au diocèse d'Autun, furent les ouvriers
choisis de Dieu pour faire fleurir la solitude de
Garaison et la purifier des intrigues des mécréants
de tout ordre, qui compromettaient la sainte chapelle (1).

A Cahuzac, c'est Aymeric de Bidos qui chasse
les *vendeurs du Temple*, de concert avec les archevêques d'Auch. L'un de ceux-ci, Louis, cardinal

(1) Voir notre ouvrage : *Berceau des Pères de Lourdes*,
pp. 145 et autres, ainsi que le livre du P. Bordedebat :
Notre-Dame de Garaison, pp. 36, 40, etc.

d'Este, aida surtout au relèvement du pèlerinage en y établissant la *Confrérie de Notre-Dame de Pitié*, dont les statuts sont bien connus. Le texte de ces règlements appartient à la présente notice, ne fût-ce qu'à raison du tableau succinct qu'on y trouve des prodiges accomplis à *Notre-Dame de Cahuzac*, depuis 1513 jusqu'à l'année 1585. Nous le reproduisons dans son intégrité. C'est un modèle d'organisation de Société de secours mutuel au double point de vue spirituel et temporel (1) :

« A l'honneur de la Très Sainte Trinité, du
« Père, du Fils et du Saint-Esprit, et spécialement
« à l'honneur et révérence de la Sainte Vierge
« Marie, mère de Dieu, a été fondée une honorable
« et belle Confrérie dans la dévote chapelle de
« Notre-Dame de Cahuzac, où est l'image de *Notre-*
« *Dame de Pitié*, sur les articles et statuts ci-
« après :

« Premièrement, qu'ayant esté depuis l'an 1513
« bâtie ladite chapelle, appelée Notre-Dame de
« Cahuzac, près la ville de Gimont et parachevée,
« étant ornée de plusieurs calices et beaux orne-
« ments pour le service divin, depuis ledit temps,
« plusieurs honorables personnes étant affligées de
« diverses infirmités et maladies, et autres déte-
« nus prisonniers, s'étant voués à ladite chapelle,
« y étant venus accomplir leurs vœux et faire
« leurs prières et oraisons, ayant été miraculeu-

(1) Les *statuts* de la Confrérie de *Notre-Dame de Pitié* furent retouchés au XIX⁰ siècle et approuvés par Mgr de Salinis, archevêque d'Auch, le 25 août 1860. On les lira, dans leur nouvelle forme, à la page 209 de ce livre.

« sement guéris de leurs langueurs et maladies,
« et délivrés des prisons et des mains de leurs
« ennemis, journellement croît et s'augmente la
« dévotion et les saints pèlerinages et vœux qui
« se font en la sainte chapelle, en laquelle par
« plusieurs et divers effets et guérisons des mala-
« dies, Dieu, par sa grâce, a rendu témoignage et
« fait connaître à toutes personnes qui s'y sont
« vouées de bon cœur que son plaisir et volonté
« est d'être prié, servi et honoré en ce saint lieu
« par l'intercession et prière de la glorieuse
« Vierge Marie dont l'image de Pitié est en ladite
« chapelle. Les ouvriers désirant que la dévotion
« continue et que Dieu et sa sainte Mère soient
« servis et honorés, et les fidèles chrétiens et
« catholiques retenus et conservés en une frater-
« nité, amour et direction fraternelle, ont supplié
« l'illustrissime et révérendissime père en Dieu,
« Mgr Alois, cardinal et archevêque d'Auch et
« révérend père en Dieu, Juilles Salmaty, vicaire
« général dudit seigneur archevêque et abbé de
« Sainte-Croix, octroyer et permettre en ladite
« chapelle être fondée la Confrérie de Notre-Dame
« de Pitié, sous les statuts et privilèges sous
« écrits, afin que par ce moyen l'adoration en soit
« autant augmentée et le service et honneur de
« Dieu continué en ladite chapelle.

« Premièrement, que le prieur et vicaire de
« ladite chapelle, chaque dimanche, pourront rece-
« voir tous les confrères qui voudront faire partie
« de ladite confrérie, lesquels paieront d'entrée
« quinze deniers tournois en l'honneur et commé-
« moralité et souvenance des quinze joies princi-
« pales que la bénite et glorieuse Vierge Marie a

« reçues de son Fils, Notre Seigneur Jésus-Christ,
« notre Sauveur et Rédempteur.

« *Item* a été ordonné que chaque dimanche se
« chantera une grand'messe, avec diacre et sous-
« diacre en ladite chapelle, ainsi qu'il est accoustumé
« de faire, et que les confrères et confréresses qui
« se trouveront et assisteront à cette messe, depuis
« le commencement jusqu'à la fin, gagneront
« quarante jours de vrai pardon que Mgr le révé-
« rendissime Cardinal et son vicaire général leur
« a octroyé et donné, en disant douze fois l'Oraison
« dominicale, et douze fois l'*Ave Maria* et ce, en
« commémoraison et souvenance des douze apôtres
« de Notre Seigneur Jésus-Christ.

« *Item* a été ordonné que chaque jour de la
« semaine il se dira une messe en ladite chapelle
« pour les bienfaiteurs et pour les confrères qui
« seront de ladite Confrérie.

« Le lundi, en commémoration, et pour prier
« pour les trépassés ; le mardi, du Saint-Esprit ; le
« mercredi, du nom de Jésus ; le jeudi, du *Corpus*
« *Christi ;* le vendredi, des cinq plaies ; le samedi,
« de *Notre-Dame de Pitié ;* et chacun desdits
« confrères qui assisteront dévotement auxdites
« messes, et diront deux fois le *Pater* et autant
« l'*Ave Maria*, gagnera quarante jours de vrai
« pardon.

« *Item* a été ordonné que le mardi après la Pen-
« tecôte, et le lendemain des fêtes de Notre-Dame
« d'août et de septembre, se diront obsèques et
« messes des morts, lesdites messes avec diacre et
« sous-diacre, pour prier Dieu et la bienheureuse
« Vierge Marie pour les âmes des confrères de
« ladite confrérie trépassés, et tous les confrères

« qui se trouveront et assisteront auxdites messes
« et services, gagneront pour chaque fois quarante
« jours de vrai pardon.

« *Item* a été aussi ordonné que le lendemain de
« la Pentecôte sé fera une procession à laquelle
« tous les confrères assisteront, laquelle partira de
« la grande église paroissiale de ladite ville de
« Gimont pour aller à ladite chapelle, où se chan-
« tera une grand'messe du Saint-Esprit, avec diacre
« et sous-diacre, et chacun desdits confrères aura
« un chandelon de cire blanche, jusqu'à la valeur
« de six deniers tournois ; et après avoir fait la
« procession, les confrères rendront les chandelons
« aux prieurs de la confrérie pour être employés
« au service de la chapelle.

« *Item* a été ordonné que les statuts de la con-
« frérie se liront publiquement par le vicaire de la
« chapelle trois fois l'an, savoir : les jours des
« solennités de la Nativité et Assomption de Notre-
« Dame, et le lendemain de Pentecôte, après ou
« durant la messe ; et ledit vicaire aura puissance
« d'absoudre les confrères des fautes commises à
« l'observation des statuts de la confrérie ; et ceux
« qui ne se trouveront pas à ladite absolution
« générale, le vicaire aura puissance de les absoudre
« particulièrement chaque dimanche.

« *Item* a été aussi ordonné que lesdits prieurs
« pourront tenir plusieurs bassins en la chapelle
« pour recevoir les aumônes de la confrérie ; et
« pourront les prieurs de la chapelle faire faire la
« quête pour l'entretien des ornements et autres
« choses nécessaires à la confrérie et ramasser ce
« qui leur sera donné, blé, argent, linge, linet
« et autres choses, à la charge d'en rendre compte

« à la fin de leur administration, avec les autres
« deniers reçus de la chapelle, ainsi qu'il est accous-
« tumé de faire.

« *Item* a été ordonné que le service et autres
« charges de la confrérie étant faites et employées,
« les restes, s'il y en a, seront mis et employés en
« aumônes et choses pitoyables (de bienfaisance),
« à la discrétion des prieurs et spécialement
« envers les confrères, au cas où il y en aurait qui
« seraient en nécessité, indigence, maladie ou
« autrement.

« *Item* a été aussi ordonné que des restes, s'il y
« en a, les charges de la confréries payées, comme
« les vicaires et prieurs aviseront, seront employés
« en linge pour ensevelir les pauvres faisant partie
« de la confrérie, les pèlerins étrangers allant et
« venant de Saint-Jacques (1), Notre-Dame de Lo-
« rette (2) et autres pèlerinages, si quelqu'un mou-
« rait en ville ou aux environs de la chapelle et
« pour un temps de nécessité en aider et secourir
« les malades et pauvres honteux n'osant mendier,
« prisonniers et autres nécessiteux, le tout à la
« discrétion des prieurs de la chapelle.

« *Item*, il est aussi ordonné que s'il arrivait

(1) L'un des grands pèlerinages du moyen-âge (Voir
p. 24, note.)

(2) A partir du moment où Dieu, par un miracle
éclatant, eut dérobé à la profanation des Musulmans
l'auguste maison de Nazareth, pour la transférer en
Dalmatie, d'abord, et puis sur la colline des Marches
d'Ancône, en Italie, les fidèles mirent un saint zèle à
visiter ce lieu béni. Ceux qui ne pouvaient pas entreprendre le pèlerinage de *Notre-Dame de Lorette*, en-
voyaient leurs aumônes au pieux sanctuaire, désigné
sous ce nom, parce que la maison de la Sainte Vierge
fut déposée par les anges au milieu d'un bois qui
appartenait à une sainte veuve appelée *Lauretta*.

« qu'aucun des confrères fût détenu prisonnier
« pour dettes, étant pauvre, n'ayant de quoi payer
« et ayant des deniers de reste à la confrérie, sera
« secouru et aidé par les prieurs, comme ils avi-
« seront, tant pour l'aider à se nourrir en prison,
« que pour l'aider à payer ; comme aussi au cas
« qu'aucun des confrères serait détenu par les
« Turcs (1) et infidèles ou autres ennemis de l'Eglise
« chrétienne et catholique, et en cas les prieurs
« seront tenus de les faire atteindre aux confrères,
« chacun sera tenu, selon son pouvoir, de les
« secourir.

« *Item* est aussi ordonné qu'au cas où quelque
« confrère ne pourrait se transporter à la chapelle
« les jours de fête de la Pentecôte, Nativité et
« Assomption de Notre-Dame, pour des raisons
« légitimes, et qui s'y trouveront tel autre jour de
« l'année qu'il leur sera possible, ou se confesseront
« et communieront dans leurs paroisses à cette
« intention, gagneront les mêmes indulgences et
« pardons qui se gagnent à la sainte chapelle. »

Le prélat désigné sous le nom singulier d'*Alois*,
dans les statuts d'Aymeric de Bidos, était simplement le cardinal *Louis* d'Este, *Aloysius*, en latin,
et *Juilles* Salmaty était *Jules* (*Julius*, en latin)
Salmaty. L'ignorant traducteur a fait *Alois* de *Louis*,

(1) Pierre Nolasque fut le fondateur des Religieux de
Notre-Dame de la Merci, spécialement chargés de la
rédemption des captifs tombés au pouvoir des infidèles,
qu'on désignait plus spécialement sous le nom de
Turcs. L'origine de l'Ordre remonte à la fête de saint
Laurent, en l'année 1223. Les aumônes des fidèles
aidèrent, de tout temps, au succès de l'œuvre admi-
rable de la *Rédemption des captifs*. *Notre-Dame de
Cahuzac* lui envoya fidèlement les secours de sa fervente
Confrérie.

Juilles de *Jules*. N'est-ce pas le cas de répéter *traductor, traditor ?*

On ne trouve pas l'indication du temps de la rédaction des statuts, dans le document qu'on vient de lire, mais nous l'avons découvert dans les archives de Mademoiselle d'Aignan, à Auch. Il est dit, en effet, dans le livre de comptes des marguilliers, *qu'en l'année 1585*, la chapelle envoya des délégués à Auch pour faire autoriser les *Statuts et Indulgences*. Cette date de 1585 est donc l'époque précise de l'érection de la Confrérie de *Notre-Dame de Pitié*, dans la chapelle de Cahuzac. Il est dit dans une autre note des archives de Mademoiselle d'Aignan que. « le 2 avril 1585, le vicaire général du Cardinal d'Est approuva les *Statuts* sur la demande présentée par les consuls de Gimont (1). »

En confirmant les statuts de *Notre-Dame de Pitié*, le Cardinal d'Este témoignait que Dieu voulait voir sa mère spécialement honorée dans un lieu. théâtre de prodiges éclatants confusément rappelés dans les premiers paragraphes du règlement de *Notre-*

(1) De tout temps, les Confréries sont en honneur dans la paroisse de Gimont. A peine est-elle fondée, cette ville voit une importante association de charité s'établir dans l'hôpital de la juridiction, qui devait remonter à plusieurs siècles. Le texte des statuts est en roman. Depuis l'an 1288, est-il dit dans le premier article, « la maysoun de *Nostre-Dame de Monbrun* en laquale és la capère de ladite gloriouse Dame et a demourat en son entier per les praubes a lotgear, donar a beue et a minjar paubres religious reculhits et enfans orfelins noyris et malaus coustousits (alités) et après la mort sépélits à l'honor de ladite gloriose mayre de Dieu. » Bernard d'Ornézan approuva ces statuts, en 1535. Ils sont dans les archives de Mademoiselle d'Aignan, avec les articles de la Confrérie de Saint-Jean-Baptiste de Pénitents gris, fondée en 1655, dans l'église Saint-Eloi des Gimont.

Dame de Pitié et, partiellement présentés avec détails précis, dans le *Tableau des merveilles de Notre-Dame de Cahuzac*, par Jean Duclos. Avant d'en signaler un petit nombre, rappelons au lecteur que les prodiges accomplis à Cahuzac valurent au pèlerinage une faveur de Rome bien précieuse.

En effet, par bulle, datée de 1531, le Souverain Pontife accorda certaines indulgences aux pieux visiteurs de la sainte chapelle, qui accompliraient les actes de dévotion indiqués dans le document pontifical (1).

Durant la longue période des guerres de Religion, les Huguenots, maîtres de nos pays, s'acharnèrent contre tout ce qui présentait le caractère catholique ou pouvait se rapporter au culte de la Mère de Dieu. Mais la Vierge veillait sur les sanctuaires élevés à sa gloire. Dans le chapitre XIII de son grand ouvrage manuscrit sur la Gascogne, le P. Mongaillard, jésuite du collège d'Auch, attribue la préservation des sanctuaires du diocèse, à l'intervention de la reine du ciel. Puis, il nomme *Notre-Dame de Garaison*, au midi, à l'ouest, *Notre-Dame d'Aignan*, *Notre-Dame de Pibèque*, au nord, *Notre-Dame d'Auch*, au centre et, enfin, à l'est, *Notre-Dame de Cahuzac*. (Voir p. 3.)

Jean Duclos rappelle, dans le *Tableau des merveilles de Notre-Dame de Cahuzac*, deux prodiges accomplis par la Vierge, au sanctuaire de Cahuzac. Aucune date n'est fixée dans son récit, aucun chef protestant n'est mentionné. Peut-être, n'y aurait-il pas trop de témérité à penser que ces événements eurent lieu, pendant la Ligue, entre 1576 et 1593.

(1) Cfr. *Glanages* de D'Aignan du Sendat, au Grand Séminaire d'Auch.

A cette époque, un chef de bande, célèbre par ses cruautés, semait la ruine et la destruction dans les diocèses d'Auch, de Cominges et de Tarbes (1). C'était Antoine-Gabriel de Sus, farouche calviniste, qui régna en maître absolu dans la partie orientale du diocèse d'Auch. vers la fin du xvi° siècle. Nous le voyons quitter *Samatan*, assez voisin de Cahuzac, le 20 janvier 1590 *Souvenir de la Bigorre*, 1884, p. 551). N'est-ce point à cette époque qu'il faut attribuer les deux faits miraculeux rapportés par Jean Duclos ? Garaison subissait les assauts des protestants commandés par Sus, à peu près vers le même temps, tandis que Auch fut menacé par Mont-gommery, en 1569 (2. Mais voici les faits relatifs à Cahuzac.

Les hérétiques, établis à Mauvezin, formèrent le projet de ruiner la chapelle de Notre-Dame de Cahuzac, où la Vierge multipliait, chaque jour, ses faveurs. Trois fois leurs bandes armées se mirent en route pour exécuter leur criminelle entreprise, mais, trois fois, une main invisible égara les troupes hérétiques. Après des efforts inouïs, des marches de nuit très laborieuses, elles se retrou-vaient, au point du jour, aux portes de leur ville ! Les Huguenots renoncèrent à leur dessein.

Croyant mieux réussir, le gouverneur protestant de L'Isle-Jourdain se mit à la tête de ses soldats

(1) Molinier, auteur du *Lys du Val de Garaison*, racontant le sac de la chapelle de Garaison, dit, au sujet du capitaine de Sus : « Du tems des troubles de la Ligue, un hérétique de la maison de Sus, en Vasque, qui fit mille ravages en Couserans, Cominges, Magnoac et par toute la Gascogne, etc. » Voir notre ouvrage : *Berceau des Pères de Lourdes*, p. 71, et *Notre-Dame de Garaison*, par le P Bordedebat, p. 34.

(2) Cfr. *Notre-Dame de Biran*, pp. 158 et suiv..

calvinistes et marcha droit à Cahuzac. Il allait franchir le seuil de la chapelle, lorsqu'un bras puissant le renversa, soudain, comme un autre Héliodore, et le tint couché par terre, pendant qu'un feu dévorant l'enveloppait, le contraignant de fuir, confus de son échec. C'est, peut-être, alors, que, furieux, respirant la vengeance, les huguenots vaincus se jettent sur l'abbaye voisine de Notre-Dame de Gimont et mettent à mort Dom Jean d'Artigues, prieur de Gimont, sous le gouvernement de Jean Filouse, chanoine, vicaire général de Lombez et abbé de Gimont, décédé en 1586 (1).

Autant la Vierge de Cahuzac se montrait redoutable aux ennemis de sa gloire, autant elle se rendait secourable à l'égard de ceux qui l'imploraient avec confiance. Voyez, plutôt !

Le chevalier N. de Noilhan (2) commandait un vaisseau. Or, un jour, la tempête le mit à deux doigts de sa perte. « Vierge, s'écria-t-il plein d'espérance, daignez me secourir. Je veux me convertir et, de retour dans ma patrie, j'irai vous remercier à Cahuzac !... »

Aussitôt, la mer se calme, les flots s'apaisent et l'officier marin sauvé par miracle, revient dans sa patrie pour accomplir son vœu. On vit le chevalier s'agenouiller devant la Vierge de Cahuzac et lui

(1) Cfr. *Clergé de France*, par Hugues du Tems, t. I, p. 434.
(2) Il devait appartenir à la famille de ce nom, qui habitait le château féodal bâti à l'est de la petite ville de Noillan, près des fossés, à la maison Mendousse. Il ne reste plus rien de ce manoir seigneurial.
La paroisse de Noillan appartenait, jadis, au district du Bas-Lombez, dans le diocèse de Lombez. Elle fait partie, maintenant, du doyenné de Samatan (Gers). Son église, dédiée à saint Pierre et à saint Paul, est ancienne.

offrir son casque, un étendard, sa croix. C'étaient les gages de sa conversion. Ils restèrent dans la chapelle, comme un trophée de gratitude. La Révolution seule arracha du sanctuaire ces pieux souvenirs mentionnés dans ses inventaires. L'un d'eux, l'étendard, est également signalé, dans le procès-verbal de Mgr Dominique de Vic, en 1642, dans les termes suivants : « Au dehors de la quatrième chapelle et tout le long de la muraille d'icelle, il y a un drapeau de taffetas blanc et rouge, qui est fort long et d'un autre mode que les ordinaires (les pavillons de la marine diffèrent, en effet, des drapeaux proprement dits) qui paraît tout neuf et, néanmoins, on dit qu'il y est depuis la première guerre contre les religionnaires et donné par un gentilhomme qui, durant les traversées et fatigues des diverses campagnes, reçut de miraculeuses assistances de Dieu par l'entremise de la Vierge. »

La protection de Marie fut aussi éclatante que pour le chevalier de Noilhan, en faveur d'un innocent condamné à mort, dans la ville d'Auch, par la malice de quelques faux témoins. On conduisit la victime à Toulouse. Or, la route d'Auch à Toulouse passait, en venant d'Aubiet à Gimont, à deux pas du sanctuaire de Cahuzac.

Parvenu près du chevet de cet édifice : « O Vierge, vous connaissez mon innocence », s'écria avec foi le malheureux condamné, chargé de fers et le regard fixé sur l'église. « Mère, délivrez-moi !... »

Tout à coup, son cheval refuse de marcher, les chaînes tombent des mains du condamné, qui se trouve délié par miracle ! Une seconde enquête fit éclater son innocence, la liberté lui fut rendue.

Des bords de la Gimone, la protection de *Notre-Dame de Cahuzac* s'étendit aux régions du voisinage. La tradition est unanime sur ce point. C'est spécialement Gimont qui devint l'objet privilégié des faveurs de la Vierge de Cahuzac. Ce fut en 1631, c'est-à-dire à l'époque où la peste exerçait ses ravages dans la malheureuse cité. Le fléau cessa miraculeusement, à la suite d'un vœu fait à *Notre-Dame de Cahuzac* et auquel la ville demeura fidèle jusqu'à l'époque de la Révolution.

Interrompue, alors, par la violence, la procession du vœu reprit au XIXᵉ siècle. Elle a lieu encore, chaque année, avec beaucoup d'exactitude, le lundi de la Pentecôte. Le maire de Gimont fait hommage, en cette circonstance, à Notre-Dame de Cahuzac, d'un faisceau de cire destinée à la chapelle.

On connaît un autre vœu fait par la ville de Gimont à la Vierge de Cahuzac, à la mort de Louis XV, roi de France, et à l'avènement de Louis XVI. Voici en quels termes, on nous le communique : « Dans la réunion du conseil communal (19 juin 1774), sous la présidence du sieur Labat, Lacarrague, docteur en médecine, propose d'aller tous les ans processionnellement à Notre-Dame de Cahuzac pour demander à Dieu, par l'intercession de la Reine du ciel, qu'il plaise à Dieu de conserver le monarque. » L'évêque de Lombez fut prié de donner l'autorisation.

En 1774, la procession dut se faire le dimanche 3 juillet. La date choisie, pour les années suivantes, était le 10 mai. La résolution fut adoptée à l'unanimité et signée par Labat, premier consul, président, Lefortie, consul, Messine, procureur du roi, Lacassagne, docteur-médecin, Ginoris, Castaing jeune et Roignon, secrétaire.

La formule du vœu fut composée par le docteur Lacarrague. On peut la lire dans le texte du procès-verbal de l'assemblée. En voici les dernières lignes :

« ... Obtenez-nous la conservation du monarque
« que le ciel nous a donné, dans sa miséricorde ;
« obtenez-nous la prolongation de ses jours. Nous
« vous promettons, nous prenons l'engagement
« pour nous et pour nos enfants, de venir ici tous
« les ans renouveler la prière que nous vous
« faisons maintenant. Nous la renouvellerons après
« la messe qui sera chantée solennellement pour
« intéresser à notre demande le sang de Jésus-
« Christ qui a daigné se déclarer médiateur entre
« Dieu et les hommes. Remplis de confiance dans
« votre charité, ô Vierge-Mère, nous continuerons
« de chanter vos louanges. *Ave, Maria. — Ora pro*
« *nobis. Amen !* »

L'année suivante, les consuls de Gimont adressèrent à l'évêque de Lombez (3 août 1775) une requête dans laquelle ils demandaient au prélat de permettre à la communauté de Gimont de faire une procession solennelle à Notre-Dame de Cahuzac. On devait y porter toutes les reliques de l'église paroissiale, afin d'obtenir de la Vierge miraculeuse la cessation de la maladie contagieuse, qui sévissait, alors, sur les animaux.

Le pèlerinage eut lieu et fut suivi, nous écrit-on, d'une neuvaine à saint Roch. (Délibération de la municipalité de Gimont.)

Tous les ans, les consuls, en livrée, assistaient à la procession d'actions de grâces de leurs conci-

toyens et faisaient à la Vierge une offrande de
cire votée par la jurade.

Aussi, ne faut-il pas s'étonner de l'amour plus
généreux, plus filial des habitants de Gimont
envers la Mère du Sauveur. Les statuts rédigés
sous le cardinal Louis d'Este, pour la Confrérie de
Notre-Dame de Pitié, à Cahuzac, ordonnent aux
membres de l'association de se réunir, le lendemain
de la Pentecôte, dans la grande église paroissiale
de la ville pour aller à la sainte chapelle.

Chaque pèlerin devait porter à la main un cierge
de cire blanche allumé, d'une valeur de six deniers
tournois. Déposés au sanctuaire, après le chant
d'une messe solennelle, ces flambeaux servaient
aux besoins des autels, d'ailleurs pourvus de
beaux calices et d'ornements précieux destinés au
service du pèlerinage, dit le texte des articles de
la Congrégation.

Le 15 août, le 8 septembre, le lendemain de la
Pentecôte furent, de temps immémorial, les jours
de grande solennité à Cahuzac. Les aumônes
recueillies, en ces circonstances, et à d'autres
époques, par les divers *bassins* de la *Confrérie de
Notre-Dame de Pitié*, servaient à des œuvres importantes, lorsqu'il y avait des reliquats, après liquidation des frais d'administration de la pieuse Confrérie. Au prieur de la chapelle incombait le soin
d'utiliser les fonds recueillis pour les pauvres, les
pèlerins de Notre-Dame de Lorette, de Saint-
Jacques de Compostelle, comme il est dit dans les
statuts. Les malades, les prisonniers pour dettes
ou autres, les pauvres honteux avaient un droit
spécial aux faveurs de la Congrégation, d'après le
règlement que nous avons transcrit plus haut.

CHAPITRE V

Sommaire : Les moines de l'Abbaye revendiquent leurs droits sur le sanctuaire de Cahuzac. — Contestations avec les chapelains. — Prétentions des évêques de Lombez sur le sanctuaire. — Réfutation des réclamations des curés de Gimont touchant la sainte chapelle. — Mgr Dominique de Vic va travailler au relèvement du pèlerinage compromis par l'évêque de Lombez (1642).

Si les chapelains préposés à la garde du sanctuaire veillaient sur les progrès du pèlerinage, les religieux de l'abbaye s'appliquaient, pour leur part, à ne rien négliger afin d'assurer le succès de leurs collaborateurs de la chapelle et l'indépendance de *Notre-Dame de Cahuzac*, dont ils se déclaraient seuls maîtres. Que de fois ils eurent à défendre leurs droits menacés contre de redoutables prétentions !

Vers le commencement du xviiᵉ siècle, raconte M. Daignan du Sendat (1), les moines se plaignirent au Saint-Siège « qu'ils étaient fort violentés par le seigneur archevêque d'Auch. » Ils implorèrent son appui.

Le pape chargea l'official de Lectoure et l'abbé de Saint-Amant, d'écouter les deux parties *et de les recevoir en paix.* On nomma quatre arbitres : Sanche de Buxetia, official de Lectoure, Guillaume

(1) Bibliothèque municipale d'Auch, *Glanages*, t. LXXII, p. 821.

de Montpezat, abbé de Saint-Amant, Raymond de Rocalaure (Roquelaure), archidiacre de Pardiac et Bertrand de Bonnemaison, archiprêtre de Lussan.

Après mûr examen, l'église de Cahuzac, avec ses dîmes, services et droits furent attribués au monastère de Gimont. L'abbé donna, aussitôt, le titre de chapelains de Cahuzac, à deux prêtres de Gimont, savoir : Pierre Aymeric et Jean Delnusse. Les lettres de nomination portaient la date du 15 mars 1612 (1).

Le croirait-on ? Presque à la même époque, Lombez lui-même crut pouvoir revendiquer la propriété du sanctuaire de Cahuzac. On trouve la preuve d'une de ces étranges réclamations dans un Mémoire des *Glanages* de Daignan du Sendat (Archevêché) et il est dit, dans un autre manuscrit du même compilateur (Bibliothèque d'Auch, t. LXXII, p. 821) : « Il y a eu plusieurs fois contestation entre l'archevêque d'Auch et l'évêché de Lombez, touchant les limites des deux diocèses, à l'occasion de la chapelle de Cahuzac. Mais il a été reconnu qu'elle était dans le diocèse d'Auch, qui, dans cet endroit, est séparé de celui de Lombez par la rivière de Gimont. » Mais on trouve aussi, dans les manuscrits de l'auteur des *Glanages*, l'ardente et victorieuse réponse des religieux de l'abbaye à des revendications sans fondement. Il vaut la peine d'analyser à cette place ce document peu connu de l'histoire de Cahuzac.

Pour justifier leurs entreprises, les défenseurs

---

(1) Il y a ici erreur de personnes. Pierre Aymeric et Jean Delnusse auraient été nommés, en 1512, par Aymeric de Bidos, abbé de Gimont. (Archives de Mademoiselle d'Aignan, à Auch.)

de Lombez disaient : 1° La bulle d'institution de l'abbaye de Lombez (Ordre de saint Augustin), par le pape Jean XXII, mentionne les bénéfices détachés du diocèse de Toulouse pour l'érection du diocèse de Lombez (1316). Or, on rencontre, dans cette nomenclature, *l'église de Saint-Justin*, devenue l'église paroissiale de Gimont, et le procès-verbal nomme aussitôt *Cameram Gimontis*. *Cameram* doit s'entendre exclusivement de *Notre-Dame de Cahuzac*. Le curé de Gimont n'administre-t-il pas, en effet, les sacrements aux habitants de ce territoire ? La rectorie de Gimont est, sûrement, dans le diocèse de Lombez. Donc, Cahuzac s'y trouve également !...

2° Les évêques de Lombez ont rempli certaines fonctions dans le sanctuaire de Cahuzac. Ils regardaient donc la chapelle comme leur propriété ! D'autre part, une bulle de 1531 accordait des indulgences aux pèlerins qui visitaient la chapelle et y accomplissaient certains actes de dévotion et de charité. Or, ce document pontifical place la chapelle dans le diocèse de Lombez, *ce dont personne ne s'est jamais formalisé (sic)*.

Tels étaient les moyens de défense des adversaires. La réponse était facile. Pour trancher le différend, il s'agit de déterminer les limites anciennes des diocèses d'Auch et de Toulouse. Celui de Lombez a été taillé dans ce dernier. Or, *Saint-Justin,* devenu *Gimont,* a ses limites paroissiales indiquées dans le paréage conclu, en 1265, entre l'abbé de Gimont et le comte de Toulouse, pour la fondation de Gimont.

1° Aux termes de ce document, le territoire de *Saint-Justin* donné pour *l'assiette de la ville, jardi-*

nages, communaux, etc., et dont le roi seul est propriétaire au point de vue des droits seigneuriaux,
ne dépasse pas les rives de la Gimone, du côté du
diocèse d'Auch, à l'ouest. La Gimone est donc la
ligne de démarcation des diocèses de Toulouse
et d'Auch, avant la création de celui de Lombez.

2° Lorsque, en 1309, l'abbé et les moines de Gimont
veulent étendre les limites de la ville, ils mettent,
aussi, en paréage avec le roi, un autre terrain
situé en deçà de la rivière, du côté du diocèse
d'Auch, *à main droite, appelé, depuis, le bourg
Saint-Bernard*. Or, le texte déclare, en termes
formels, que ce territoire est dans le diocèse
d'Auch.

Au xive siècle, les moines de Gimont, pressés de
fournir aux archevêques de Toulouse et d'Auch les
titres de leurs possessions dans les deux diocèses
limitrophes, produisent des pièces du xiiie siècle.
L'une d'elles, datée de 1270, mentionne *l'église
Saint-Justin*, et pas d'autres, dans la direction de
Cahuzac. Neuf ans plus tard (1279), il est fait mention, à diverses reprises, de *l'église et paroisse de
Cahuzac*, dans le diocèse d'Auch, où se trouve le
monastère cistercien.

3° Vouloir prétendre que *Camera* doit être
entendu dans le sens de *chapelle de Notre-Dame de
Cahuzac*, ce serait, disent les défenseurs de l'abbaye, faire trop d'injure à un édifice dédié à la
Vierge Marie et outrager la langue latine, car,
jamais *Camera* n'a été pris dans le sens de *lieu
sacré*, n'a pu, par conséquent, signifier *chapelle*.

La raison tirée de l'administration des sacrements par le curé de Gimont, dans la juridiction
de Cahuzac, n'a rien de sérieux. Elle disparaît

devant les titres qui déterminent les limites précises de Cahuzac et de Gimont. L'ingérence du pasteur de Gimont, sur le territoire de *Notre-Dame de Cahuzac*, n'établit pas un droit pour lui. Quant à la chapelle, poursuit le *Mémoire*, sur un ton familier, « il n'y a jamais mis, comme on dit, le » nez, ains luy a esté défendu par justice. »

Comment donc le curé de Gimont a-t-il administré les sacrements dans Cahuzac ?

Il y a cent ans, ce territoire se composait uniquement de bois et de vignobles. On n'y comptait pas six familles et ses habitants étaient, comme aujourd'hui (xviie siècle), de simples fermiers d'habitants de Gimont, propriétaires des domaines de Cahuzac.

Le défaut de précision des règlements paroissiaux, le petit nombre de fidèles de cette juridiction n'avaient point permis la fondation d'une cure et le clergé de Gimont avait aisément pu étendre son zèle du côté du pèlerinage de Cahuzac. Alors, comme au temps du *Mémoire*, l'uniquue cimetière de Cahuzac était celui de l'abbaye. Seuls, « les habi- » tants induicts par leurs confesseurs de faire » autrement », allaient demander asile, après leur mort, dans une autre paroisse.

Veut-on savoir la vraie raison des prétentions élevées par Lombez et Gimont sur *Notre-Dame de Cahuzac ?* C'est la substitution d'un monument superbe à une *chétive église de terre* (1). Jamais, autrement, les voisins d'un diocèse étranger ne se

____

(1) On trouvait, et l'on voit encore dans le diocèse d'Auch, un assez grand nombre d'églises bâties en terre. L'absence de pierre dans l'ancien diocèse de Lombez et dans l'Armagnac fit élever un certain nombre d'édifices

fussent avisés « d'y régenter et d'y continuer les » abus qui y sont encore. » *Mémoire de 1660.*

Aux abbés de Gimont revient l'honneur de la fondation de trois belles églises dans la ville bâtie par leurs soins et si le curé de cette paroisse administre les habitants de Cahuzac, c'est par la volonté de l'abbaye, à la suite d'un accord préalable. Il n'appartient pas au curé de Gimont, soit de restreindre l'autorité de l'archevêque d'Auch, soit de *raccourcir son diocèse.*

De tout temps, les archevêques d'Auch ont pris pour leurs vicaires à Cahuzac, les abbés et prieurs de Gimont. En 1660, Frère Bernard Gelède, prieur du monastère, exerce ces fonctions. Il fut nommé par Mgr de Trapes, archevêque d'Auch.

Quant à la bulle invoquée est-elle en bonne et due forme ? N'en abuse-t-on pas ? N'a-t-on pas induit Rome en erreur, en plaçant, dans une requête, Cahuzac dans le diocèse de Lombez ? Si les évêques de Lombez ont accompli des fonctions dans le sanctuaire de Cahuzac, c'est, purement, à titre d'acte de dévotion et non, en vertu d'une juridiction qui, jamais, n'exista. Messire Dominique de Begarre, évêque d'Albe (?), « n'a-t-il pas célébré à *Cahuzac les ordres* de la licence de Mgr l'Archevêque d'Auch ? » Et cependant, le diocèse n'est point passé en son pouvoir !

L'évêque de Couserans, messire François Bonard, a également célébré les fonctions épiscopales dans l'abbaye de Cahuzac. A-t-il acquis, par là même,

en ce modeste appareil. Nous en citons une série dans notre *Architecture du diocèse d'Auch, depuis les temps préhistoriques jusqu'à nos jours.* Ouvrage encore manuscrit.

quelque juridiction sur ce monastère cistercien ?

Du reste, le débat est tranché, *au moins par provision*, en vertu d'un jugement de « Messieurs des Requêtes de Toulouse », en date du 26 mai 1611 (1). Le bienheureux Léonard de Trapes administrait, alors, l'église d'Auch. Or, dans le synode de 1624, il plaça son diocèse, à l'est, sous la protection de la Vierge de Cahuzac.

Son successeur, Mgr Dominique de Vic, archevêque d'Auch (1629-1661), attacha un intérêt particulier au sanctuaire de *Notre-Dame de Cahuzac*. Voilà pourquoi, nous le voyons travailler avec zèle à la suppression de certains abus introduits dans le gouvernement de la dévote chapelle.

Sollicité par sa charge pastorale et « animé par la pure affection qu'il avait de rétablir dans toutes les églises de son diocèse l'ancienne discipline ecclésiastique, la fervente dévotion des fidèles, l'uniformité des cérémonies et service divin et la vraie piété (2) », le saint prélat estima que le meilleur moyen d'arriver à ce résultat, consistait à poursuivre, dans son diocèse, les visites générales auxquelles il travaillait avec ardeur depuis 1638. Parmi les églises qui réclamaient ses soins les plus attentifs, se trouvait *Notre-Dame de Cahuzac*, où, dit-il dans son procès-verbal de 1642, il veut rétablir « la dévotion qui avait été autrefois pratiquée en cette sainte chapelle, l'une des plus célèbres dévotions de l'Aquitaine. »

(1) *Mémoire pour Cahuzac-lez-Gimont.* Archives de l'archevêché d'Auch.

(2) *Procès-verbal de la visite de Notre-Dame de Cahuzac, en 1642.* (Archives de Mademoiselle d'Aignan, à Auch.)

Dominique de Vic attribue, en partie, la déchéance de ce sanctuaire aux entreprises anciennes et actuelles de l'évêque de Lombez contre le sanctuaire de Cahuzac. Il n'ignore pas que ce prélat et ses prédécesseurs, « de gaieté de cœur et par pur attentat, sans aucun droit ni prétexte, ont donné du trouble à son prédécesseur immédiat — Mgr de Trapes — s'estant voulu usurper cette sainte chapelle. » Pour mieux juger de la situation, Mgr de Vic se met au courant des procès intentés à l'archevêque d'Auch. « Il ne veut rien faire qu'avec maturité » et n'exercer son droit naturel qu'à bon escient. Il adressa donc une requête au parlement de Toulouse pour demander l'autorisation d'exécuter le jugement rendu sur *Notre-Dame de Cahuzac*. Satisfaction lui fut donnée par lettres du 26 août 1642.

Trois mois plus tard, l'archevêque d'Auch s'appliquait au relèvement du pèlerinage de *Cahuzac*.

CHAPITRE VI

Quand tout fut bien réglé, l'archevêque d'Auch
selon son habitude, à l'occasion des visites d'église
de son diocèse, adressa son mandement à Cahuzac,
pour fixer son arrivée dans la chapelle au 9 novembre 1642. Il l'expédia à Frère Dom Jean Gelède,
prieur de l'abbaye de *Notre-Dame de Cahuzac*, son
grand vicaire. « Ayant visité, depuis peu, la chapelle de Notre-Dame de Guaraison et toutes nos
autres chapelles voisines qui sont dans l'étendue
de notre diocèse, disait Mgr Dominique de Vic,
nous avons jugé estre nécessaire d'aller procéder
aussi à la visite de notre chapelle de Notre-Dame
de Cahuzac-lez-Gimont pour, par le moyen de cette
visite, y rétablir en tant qu'il nous serait possible
la vigueur de l'ancienne dévotion que les fidèles
y ont autrefois pratiquée avec tant de ferveur. »

Le prélat se trouvait d'autant plus sollicité à
tenter ce pieux effort qu'il avait appris, « à son

regret et mécontentement » que l'antique ferveur s'était refroidie dans le pèlerinage de Cahuzac « par la malice du siècle et, peut-être, par la négligence et tiédeur de ceux qui y ont esté establis, non seulement refroidie, mais quasi éteinte, » dit le mandement archiépiscopal, dans lequel le prélat déclare vouloir attirer sur lui, sur son peuple et le diocèse d'Auch les grâces du ciel, en rendant son lustre primitif à l'une des « plus célèbres dévotions de l'Aquitaine. »

Dans sa lettre pastorale du 31 octobre 1642, Mgr de Vic demandait à Dom Jean Gelède, prieur de l'abbaye de Cahuzac, de convoquer dans la chapelle miraculeuse, l'abbé du monastère. les religieux du couvent, les gardiens du sanctuaire et les peuples d'alentour. La restauration du pèlerinage devait se faire avec toute la solennité désirable.

M. Lasserre, prêtre d'Auch, porta à Gimont un second avis pour le même objet. C'était l'usage de l'archevêque d'adresser toujours deux convocations pour la visite des églises, afin de ne rien laisser au hasard.

On verra par les détails qui vont suivre que, si la dévotion envers Notre-Dame de Cahuzac paraissait assoupie dans les âmes, les peuples gardaient cependant leur foi à la Vierge du sanctuaire, dans les replis les plus intimes de leur âme.

A deux heures de l'après-midi, le 8 novembre 1642, Mgr Dominique de Vic monte en carrosse, pour se trouver au rendez-vous fixé par son ordonnance. A ses côtés, se montrent : MM. Etienne Daignan, un de ses grands vicaires, Jean Bègue et Jean Daignan, promoteurs, Bernard Sancetz, juge temporel, Jacques Prunières, secrétaire de l'archevêque, Dominique Lacassin et Bertrand Alexandre. prêtres et prédicateurs et tous les domestiques du prélat (1).

La nuit arrêta la marche des voyageurs qui couchèrent à Aubiet. Le lendemain, ils reprirent, de bonne heure, le chemin de *Notre-Dame de Cahuzac*, où le cortège fut reçu, processionnellement, par Dom Gelède, prieur de l'abbaye, suivi des religieux et conduit devant le maître-autel. Là, Mgr de Vic donna la bénédiction au peuple accouru à la cérémonie.

Dom Gelède prit la parole, complimenta l'archevêque et lui demanda le maintien des privilèges de sa communauté. Le prélat répondit à l'orateur, en lui donnant l'assurance qu'il défendrait les intérêts de son couvent « avec tous les avantages du monastère et sous son autorité en cette chapelle de Notre-Dame de Cahuzac. » A la messe, célébrée par Mgr de Vic, une foule de fidèles reçurent la sainte communion de la main de l'archevêque.

M. Jean Daignan, l'un des promoteurs du diocèse, prit ensuite la parole, au milieu d'un grand

---

(1) Ce grand train de maison rappelle les abus de certains prélats et des archidiacres, au moyen-âge, à propos des visites des paroisses. Ils se faisaient suivre d'un très nombreux personnel, parfois même d'une meute de chiens et d'oiseaux (faucons et autres) pour la chasse. Le clergé paroissial se plaignait.

Les frais de tournée payés à l'évêque ou à ses archidiacres (*Procuratio canonica seu circada*) furent sagement réglés par l'Eglise. La Constitution de Benoît XII, sur ces matières, en fait foi. De son côté, le Concile de Trente (XXIV° session, chapitre III de *Réformatione*), rappelle ce que les recteurs devaient donner à l'évêque, en nature ou en argent, pour la tournée pastorale, avant la Révolution.

concours de peuple. *Cujus est hæc imago?* dit-il, en commençant son allocution, dans laquelle il donna d'abord l'explication littérale et historique de ce texte mémorable, pour conclure, ensuite, que, toutes choses procédant de Dieu, il fallait tout rendre au Seigneur. Le prédicateur fit comprendre que l'heure était venue de rendre à Dieu ce qui était à Dieu et de mettre un terme aux désordres du lieu saint.

Après le sermon, l'archevêque, revêtu d'une chape blanche, se rendit au pied de l'autel. On chanta le *Tantum ergo* et le prélat donna la bénédiction du Très Saint-Sacrement, qui fut suivie de la visite canonique du sanctuaire.

Nous tenons à reproduire, ici, les nombreux détails de cette visite, car ils nous font connaître avec exactitude la monographie du sanctuaire de Cahuzac, au milieu du xvii° siècle.

Description de la chapelle.

Mgr de Vic avait à peine béni la foule, qu'il fit l'examen du maître-autel. Il le trouva en bon état, « tant pour les nappes, contre-autel (retable), peintures, image de la Vierge relevé en bosse posée au milieu de l'autel, le ciel, marchepied, balustres tout à l'entour pour servir de table à la commucion, quatre lampes d'argent au-devant, l'une desquelles brûle perpétuellement. »

De la chapelle absidiale, l'archevêque passa dans la chapelle « la plus proche du côté de l'épître. » M. Balmale, prêtre, gardien des ornements du sanctuaire, déclara au prélat, qui l'interrogeait sur le vocable des chapelles, que toutes portaient le simple titre de *Notre-Dame, sans distinction ni différence*. Tout n'était pas irréprochable dans cet édicule « voûté et peint ainsi que toutes les chapelles et le corps de l'église, qui est bâtie partie de briques et partie de pierres. » Un tableau qui représentait la Cène au-dessus de l'autel, fut trouvé convenable. Un cuir de Cordoue doré décorait le devant du tombeau de l'autel.

Dans la chapelle suivante, le contre-autel (retable) représentait « la Résurrection à deux reliefs. » Comme dans la chapelle précédente, la propreté laissait à désirer. La pierre sacrée était brisée et un velours rouge formait le devant de l'autel.

L'autel de la troisième chapelle « qui est dans la nef de l'église », dit le procès-verbal, était sans emploi. « On n'y disait pas messe et non sans raison », puisque l'archevêque y trouva « la pierre sacrée toute brisée. » Mais le retable était en bon état. Des peintures assez belles décoraient sa partie supérieure et l'on remarquait à la base « des figures de demy-bosse représentant la naissance et la présentation au temple de la Sainte Vierge. » Un drap d'azur « tout rompu », ornait la face antérieure du tombeau de l'autel.

« Au dessous de cette chapelle, poursuit le procès-verbal, est la porte de l'église posée du côté du levant et du côté de la ville de Gimont, car il faut observer que cette église est irrégulièrement posée, le maître-autel estant tourné du côté du septentrion. » C'est à bon droit que Mgr de Vic reproche à l'édifice son défaut d'orientation et nous voyons, dans sa remarque, la preuve de l'application qu'on mettait, jadis, à suivre les traditions anciennes, en plaçant toujours le chevet des édifices religieux dans la direction du levant.

Le voisinage de l'antique voie romaine qui longeait la chapelle de Cahuzac rebâtie au commencement du XVIe siècle dut être la cause unique de la *désorientation* du sanctuaire miraculeux.

Mgr de Vic dit, ensuite, « qu'au-devant de la porte (portail oriental), il y a une avant-porte (clôture), composée d'un crillat (grille) de fer bien haut et fort bien travaillé. Hors de l'église, du côté de l'orient, il y a un porche ou parvis de la longueur de la moitié de la chapelle, large et espacieux, bien couvert et lambrissé et pavé où les pèlerins se peuvent mettre commodément à couvert. »

Sauf cet avant-porche ou abri, rien n'est changé dans la disposition actuelle du porche extérieur de Notre-Dame de Cahuzac, qui a également conservé son ordonnance primitive dans la série des chapelles rayonnantes de l'ouest, dont Mgr de Vic va nous faire la description.

Ces chapelles, dit-il, sont au nombre de quatre, du côté de l'évangile. Toutes sont voûtées et ornées de peintures. Tous les autels ont leurs pierres sacrées intactes. Au témoignage de Balmane, gardien de Cahuzac, ces pierres furent établies par Mgr de Trapes lui-même.

Mgr de Vic commence la monographie des chapelles occidentales par celle qui est contiguë à la chapelle terminale du chevet. Et il avance du nord vers le sud.

Première chapelle. — Devant d'autel de damas rouge. L'autel *a un contre-autel (retable)* (1) *de bois*

---

(1) D'après les indications contenues dans les archives de Mademoiselle d'Aignan, à Auch, c'est en 1548 qu'on faisait ce rétable et celui de la première chapelle du sud, voisine du chevet. (V. p. 29.)

peint et doré où en demi-bosse est représentée une apparition glorieuse marquant quelque miracle que LA TRADITION APPREND ESTRE LE FONDEMENT ET LE PRINCIPE DE LA DÉVOTION DE CETTE CHAPELLE. »

Déjà, le lecteur est fixé sur ce point par ce que nous avons dit, ailleurs, des origines de la chapelle miraculeuse de Notre-Dame de Cahuzac (1). Il serait superflu d'insister. Avec le prélat visiteur, passons à l'édicule suivant.

Deuxième chapelle. — « Retable où, en relief de demy-bosse, est représenté l'arbre de Jessé, moitié peint et moitié doré. » Une tenture de damas blanc couvrait la face antérieure de l'autel.

Troisième chapelle. — Au-dessus de l'autel muni d'un cuir de Cordoue doré, à la face antérieure du tombeau, s'élève un retable de bois peint et doré. Le sommet du panneau représente le mariage de la Très Sainte Vierge et la naissance du Sauveur ; on voit les rois mages offrir leurs présents à l'Enfant-Dieu, dans la partie inférieure du bas-relief. Un cuir doré de Cordoue parait la face antérieure de l'autel.

Notre-Dame de Cahuzac avait un orgue pour relever l'éclat des cérémonies de la chapelle. Cet instrument, confié « à un bon prêtre gagé par les marguilliers », dit le procès-verbal de visite de 1642, se composait de divers jeux et était adossé au mur de la troisième chapelle « qui regardait l'église ». Il se trouvait à l'ouest, par conséquent.

Quatrième chapelle. — On ne célébrait pas la messe dans cette chapelle placée en face du portail

(1) Voir pp. 33 et suivantés.

de la grande chapelle « à cause du danger du vent. »
L'autel est pourtant en assez bon ordre, dit Mgr de
Vic, à la page 11 (recto) de son procès-verbal, où il
signale un retable de bois représentant la scène de
la Circoncision au-dessus de l'autel dont la face
principale du tombeau présente une tenture « de
damas blanc et ysabelle. » Un confessionnal se
dressait en avant du mur méridional de la chapelle.
On en voyait, du reste, « en la plupart des chapelles », d'après le procès-verbal de visite.

C'est « au-dehors de cette chapelle et tout le long
de la muraille dicelle » que flottait le drapeau de
taffetas blanc et rouge placé là, comme ex-voto,
« depuis la première guerre contre les Religionnaires et donné, avons-nous dit plus haut, par *un*
gentilhomme qui, durant les traverses et fatigues des
diverses campagnes, reçut de miraculeuses assistances de Dieu par l'entremise de la Vierge de
Cahuzac. »

Comme de nos jours, on voyait, en 1642, « au bas
de l'église et à moitié hauteur de la muraille du
côté du midi, une petite galerie où les prêtres préposés à la direction du sanctuaire pouvaient se
placer commodément pour chanter les services
qu'on était obligé « de dire à haute voix, quand la
foule du peuple les empêchait d'estre en bas. »
(Procès-verbal, folio 11, verso.)

A l'entrée méridionale de l'église et sous la galerie que nous venons de décrire, se dressait le banc
d'œuvre des marguilliers « avec huit bassins qu'ils
plaçaient au-dessus, pour recevoir les offrandes
des fidèles. » Près de là, on voyait des armoires
appliquées contre le mur pour recevoir les quêtes
des marguilliers, leurs registres et leurs docu-

ments. Chaque armoire avait six serrures *avec une clé pour chaque marguillier.*

Après avoir fourni ces renseignements circonstanciés, Mgr Dominique de Vic décrit le fond méridional de la chapelle de Cahuzac. Le corps de l'église, dit-il, est divisé en deux parties : en *presbytère*, du côté du midi et en *nef*, vers le nord. Ces deux éléments principaux étaient séparés « par des balustres de fer auxquels il y avait six grands cierges de la grosseur d'un homme, trois d'un côté, trois de l'autre. » Deux larges portes en fer s'élevaient au milieu de cette grille imposante en avant de laquelle se détachait « un grand chandelier de leton pendu à la voûte. » Ce lustre monumental se composait de trois séries de six lampes superposées « qu'on allumait seulement aux grandes festes. »

Il n'y avait qu'à descendre une marche pour passer du presbytère dans la nef de la chapelle. Il fallait en franchir deux pour monter au maître-autel, qui dominait, ainsi, l'aire de la chapelle composée de grandes dalles en pierre et « en laquelle il n'y avait jamais eu personne d'enterré (1). »

(1) Ce n'est pas sans motif que le procès-verbal signale ce détail, qui prend, ici, le caractère d'un éloge pour les administrateurs de la chapelle. Les évêques défendaient, avec raison, de transformer les églises en cimetières, à cause des graves inconvénients qui en résultaient pour le pavé des édifices et, surtout, pour la salubrité publique. Souvent, les épidémies eurent les lieux sacrés pour point de départ.

Il ne faut donc pas s'étonner si Mgr de La Baume de Suze, archevêque d'Auch, défend d'enterrer les fidèles « dans les églises, sans une longue possession ininterrompue ou un titre accordé par lui. » (*Statuts Synodaux* du 18 août 1698.) Mgr de Montillet rappelle que les « Eglises n'ont pas été destinées pour servir à la sépul-

A l'angle sud-ouest de l'église se dressait le clocher « assez haut à proportion du côté du bâtiment, formé en éguille. » Quatre cloches « modestement grandes » occupaient le beffroi.

Pour que rien ne manque à sa méthodique description, Mgr de Vic nous conduit, ensuite, à la sacristie, *derrière l'autel principal*. On y entre, dit-il, « par la chapelle qui est au côté de l'épître du maître-autel. » Il y a une cachette pratiquée dans l'épaisseur du mur et désignée sous le nom *d'Argenterie*, à cause de sa destination. C'était le *trésor* de la chapelle dont les vases sacrés trouvaient là, un asile assuré.

La sacristie est petite, dit le procès-verbal, « mais bien gentille, un peu plus longue que large. » Elle recevait la lumière par une baie pratiquée dans le mur septentrional. C'était « un vitral bien vitré », au témoignage de l'archevêque d'Auch, qui mentionne ensuite *la table* « où on mettait les orements pour les prestres » désireux de célébrer la

tures des morts, mais pour y assembler les fidèles. » Il défend donc les enterrements dans les églises, même pour les plus riches. Il n'y a d'exception que pour les ecclésiastiques.

« Les seigneurs des lieux et ceux qui ont le droit » établi par de bons titres, ajoute le prélat, et par une » possession immémoriale ne sont pas compris dans la » défense. » (*Instruction pastorale*, etc., vol. in-8°, imprimé en 1770, pp. 367-368.)

Le pouvoir civil intervint pour la suppression des sépultures dans les églises. Louis XVI publia, à ce sujet, une ordonnance datée du mois d'octobre 1776. Il demandait partout la création de cimetières publics, en dehors des murs de ville. Auch eut le sien, à partir de 1777. On l'appela *Cimetière de l'Est*, à cause de sa position par rapport à la ville. Pour donner l'exemple aux fidèles, Mgr d'Apchon voulut être enterré dans le cimetière commun. En 1804, ses restes furent recueillis et déposés dans la chapelle du Purgatoire de la cathédrale d'Auch.

sainte messe. Un tableau représentant le Christ en croix dominait cette commode ou mieux cette crédence fixée au mur occidental.

Du côté du midi, se montrait une *limande* (armoire) où l'on tenait « quantité d'ornements et d'argenterie. » L'entrée de la sacristie se trouvait ménagée dans la paroi orientale à laquelle étaient adossés un confessionnal et un prie-Dieu destiné aux célébrants qui se préparaient à dire la messe ou faisaient leur action de grâces.

Il était tard, déjà, lorsque Mgr Dominique de Vic eut décrit cette dernière dépendance de la chapelle de Cahuzac. Le prélat passa donc dans « la maison de la chapelle (presbytère), bastie au bas dicelle, du costé du midy. »

Ce bâtiment, dit le procès-verbal, n'avait d'autre appartement qu'une salle basse, une chambre haute, avec une petite décharge, un petit jardin, un cellier et un lieu propre à tenir du bois. L'archevêque déjeuna dans la salle du presbytère.

Nous touchons à un moment solennel pour l'histoire de Notre-Dame de Cahuzac, où l'archevêque d'Auch veut rétablir « la fervente dévotion » d'autrefois. « Toutes choses, dit-il dans son procès-verbal, semblaient concourir pour l'y remettre. » A peine le repas fut-il achevé qu'on vit Mgr de Vic, revêtu de son rochet et de son camail, se diriger vers l'église envahie par « une grande multitude de peuple » auquel il exposa le but de sa visite pastorale, après s'être assis à une table dressée au milieu de la nef et avoir récité le *Veni Creator* avec les oraisons ordinaires. A ses côtés, se montraient M. Daignan et Dom Gelède, ses grands vicaires, le sieur Balmale, revêtu de son surplis. On voyait derrière le prélat les sieurs Bégué, l'un de ses promoteurs et son secrétaire. A l'autre extrémité de la table, étaient assis noble Philippe d'Avezan, Jacques Cabanes, Dominique Sperens, Jean Lacaze, marchand, tous quatre marguilliers de Cahuzac. Etaient absents, pour cause de voyage, M° Jean Serein, bourgeois, Jean Vergier, maître-chirurgien, prieurs de la chapelle et derniers marguilliers.

Répondant à une question du promoteur qui, au nom de l'archevêque, demandait aux marguilliers, détenteurs des archives de la chapelle, de produire l'acte de fondation du sanctuaire de Cahuzac, Dom Gelède déclara que ce document initial n'existait pas. « Tout ce qu'on apprend de cette église, ajouta- « t-il, est qu'antérieurement elle estoit un ecclé- « siaste (1) rural donné à l'abbaye de Gimont avec « tout le terroir de Cahuzac, que la chapelle dont « lesdites murailles nestoient que de terre, estoit « dédiée à la Sainte Vierge. » Le prieur fit ensuite le récit du prodige accompli en faveur du cavalier dont nous avons parlé plus haut (2).

L'archevêque ordonna de lui fournir, dans le courant du mois, une analyse des pièces qui se rapportaient aux origines de l'église pour les déposer au secrétariat de son palais.

« En dehors des dons et des offrandes des fidèles faits au sanctuaire, y a-t-il d'autres revenus ? » dit ensuite le promoteur diocésain. — Oui, répondit Dom Gelède, qui signala des rentes constituées et quelques fondations énumérées dans un état confié aux

(1) Bénéfice ecclésiastique destiné à l'entretien d'un clerc.
(2) Voir p. 28.

marguilliers. Ceux-ci, reçurent ordre de les présenter à Mgr de Vic.

— Qui a la garde des meubles, le soin de faire célébrer les messes « pour accomplir la volonté des fidèles et des pèlerins, ainsi que les instructions de ceux qui font quelque fondation ? » poursuivit le promoteur. Ce fut le signal d'un coup de théâtre.

Balmale (1), gardien de la chapelle, se lève aussitôt pour déclarer que, depuis vingt-sept ans, il a la garde des ornements et des joyaux de la chapelle et qu'il administre à Cahuzac, les sacrecrements de Pénitence et d'Eucharistie. — « Mgr de Trapes vous a-t-il approuvé ? » continua le promoteur. — « Par écrit, non, reprit le gardien, mais oui, verbalement. » C'est à Toulouse qu'il fut autorisé, ajoutait Balmale, mais longtemps après son institution. « Pour les messes, ajouta-t-il, ce sont les marguilliers qui les distribuent *assez irrégulièrement* (2). »

Vainement a-t-il tenté, lui, gardien de la chapelle, de rétablir l'ordre dans l'administration du pèlerinage. Il n'a pu y réussir. Aussi, se démet-il de sa charge devant l'assemblée « tant à cause de son aage, que pour beaucoup d'autres raisons. » Il ne demande que le repos, malgré les paroles empreintes de confiance de l'archevêque d'Auch.

Au fait, la situation était lamentable. Que le lecteur ne se scandalise pas des révélations qui vont suivre. Le singe de Dieu, Satan, se glisse partout où le bien s'accomplit. Aussi, ne faut-il

____

(1) Ce nom est écrit de différentes manières dans le procès-verbal de visite. Tantôt c'est *Belmale* ou *Bálmale*, tantôt *Belmane*.

(2) *Procès-verbal*, folio 16.

point s'étonner qu'à toutes les époques, le mal ait travaillé à détruire ou à empêcher le bien. C'est l'éternel antagonisme entre les deux Cités.

A Garaison, l'archevêque d'Auch avait mis fin à des abus criants, où certains membres du clergé avaient quelque responsabilité. Ce fut pareil à Cahuzac. La suite de l'information de 1642. que nous analysons, établit, en effet, « que quantité de prêtres s'ingéraient d'administrer les sacrements de Pénitence et d'Eucharistie, sans l'approbation de l'archevêque. » Les coupables seront punis, déclare l'archevêque, le désordre sera désormais supprimé, sur ce point. (Procès-verbal, p. 17.) Nul prêtre, à l'avenir, dit Mgr de Vic, ne pourra exercer une fonction dans la chapelle, sans l'approbation du métropolitain ou de ses grands vicaires et « pour ne pas incommoder les prêtres du voisinage, le prélat charge Dom Gelède, son vicaire général, à Cahuzac, « d'approuver les capables. »

Un autre abus très grave appelait l'attention de Mgr de Vic. Il avait appris de la bouche de son promoteur « qu'il s'était glissé parmi les prestres qui desservaient ordinairement en cette chapelle une certaine liberté scandaleuse de demander devant la table des bassins (des marguilliers), près de la porte de l'église et, ce qui était encore plus mercenaire, d'aller loin, au-devant des pèlerins pour leur extorquer l'honoraire des messes. » C'est à bon droit que l'archevêque taxe cette conduite « d'extrêmement sordide » et qu'il se déclare prêt « à empêcher le cours de ce commerce infâme, indigne de la royauté du sacerdoce. »

Mais, toujours prudent, en ses mesures, le prélat interroge M. Balmale, gardien du sanctuaire, sur ces pratiques inavouables. Y a-t-il « des prêtres avares à ce point et si infâmes ? » Balmale prend la parole pour déclarer « hautement, en présence de tout le peuple que la vérité l'obligeait à dire qu'il s'en estoit trouvé qui l'avaient souvent pratiqué, que les ayant voulu reprendre, on lui avait reparti qu'ils estoient obligés d'en user de la sorte à cause que les marguilliers qui recevaient dans les bassins l'honoraire des messes, les distribuaient à qui bon leur semblait, voire même l'appliquoient-ils à leurs charges domestiques. »

Vive protestation des marguilliers qui déclarent parler en leur nom et au nom de leurs prédécesseurs. Tout l'argent reçu, disent-ils, passe dans l'armoire à six clés. Leurs registres sont en règle. « Cette manière de faire, poursuivent-ils, ne plaisait pas aux avides et mercenaires et c'est là une des principales causes du refroidissement de la dévotion. » Il y a encore « des actions plus sordides, qu'ils ne peuvent dire qu'en secret. »

Les accusations, les réticences des marguilliers pouvaient avoir quelque fondement, mais il est clair que leurs rapports tendus avec le gardien qui les désignait eux-mêmes aux sévérités de l'archevêque rendaient suspectes leurs déclarations. Ce qui ressort bien clairement de cette discussion publique, engagée devant la foule par le premier pasteur du diocèse, vengeur des canons de l'Eglise et défenseur de l'honneur du sacerdoce compromis par des membres inconscients de son clergé, c'est que le côté humain avait pris une trop large place dans le sanctuaire de *Notre-Dame de Cahuzac*.

Sous peine d'excommunication, encourue *ipso facto*, Mgr de Vic défendit « à tout prêtre d'aller au-devant des pèlerins demander sordidement et bassement l'honoraire des messes » et de se tenir « au-devant de l'église, ni devant les bancs de la marguillerie, à cet effet. » L'archevêque promit, en même temps, d'empêcher à l'avenir l'ignoble chasse aux honoraires de messes, au moyen de sages et énergiques règlements « relatifs à cette matière ou à d'autres », de manière à rétablir le bon ordre et « la dévotion dans la chapelle. »

Au fond, la justice ne se trouvait pas en jeu, dans l'indigne marchandage que nous venons de constater. C'était une simple querelle entre les marguilliers et le clergé, un manque absolu de décence sacerdotale et de réserve ecclésiastique de la part de quelques sujets *sordides*, trop âpres à un lucre déshonorant, toujours proscrit par les règles de l'Église.

La démission de Balmale, précédée et suivie de la discussion contradictoire que nous venons d'entendre entre l'archevêque, l'ancien gardien de la chapelle et les marguilliers, rendait la situation plus nette pour Mgr de Vic et lui permettait d'opérer, sans le moindre retard, les réformes qu'il venait introduire dans le pèlerinage de Cahuzac. Du reste, il avait tout prévu, on va le voir, et il se trouvait prêt à parer à toute éventualité, même pour placer la chapelle sous la houlette de nouveaux pasteurs.

Il se produisit un incident, lorsque le métropolitain proposa la création d'un nouveau gardien à la place de M. Balmale, démissionnaire. Le prieur de l'abbaye de Cahuzac, Dom Gelède, revendiqua ce droit pour son monastère, tandis que les marguilliers le réclamaient pour eux. Un *jugement de requête* attribue cette faveur au couvent, déclare Dom Gelède, qui reconnaît simplement à l'archevêque le droit d'approbation du choix fait par les moines. De leur côté, les marguilliers invoquent la coutume et le jugement de 1611, d'après lequel, affirment-ils, ils ne pouvaient « ni céder ni partager le droit de création du gardien du pèlerinage. »

Le conflit fut tranché par Dom Gelède qui, prenant la parole, déclara qu'il était si heureux de voir rétablir « la dévotion en ce saint lieu, » qu'il consentait à un sacrifice. « Pour témoigner sa satisfaction de cet événement et n'empescher pas, par ces différens, le progrès d'une si sainte et nécessaire action », le prieur proteste que, pour ce coup, sans préjudice à son droit, il s'en démet volontairement et consent que les marguilliers nomment à haute voix M. ABADIE *(Joseph)*, *prêtre de Puycasquier*. Aussitôt, l'archevêque d'Auch approuve le choix de cet ecclésiastique « comme le connaissant de bonne vie, de grande probité et extrèmement zellé pour la gloire du service de Dieu. » Par ordre du prélat, on alla le chercher dans sa paroisse.

CHAPITRE VII

Sommaire : Mgr Dominique de Vic installe le nouveau gardien de *Notre-Dame de Cahuzac* et lui donne deux collaborateurs, dont il prend l'entretien à sa charge. — Le prélat donne aux chapelains des *Statuts* composés de trente et un articles. Il veut, de la sorte, relever le prestige de *l'une des plus célèbres dévotions de l'Aquitaine.*

Notre-Dame de Cahuzac allait entrer dans une phase de prospérité et de gloire pour la Mère de Dieu, grâce à l'installation du nouveau gardien, renvoyée au lendemain 10 novembre 1642. L'heure étant avancée, Mgr Dominique de Vic se retira dans sa chambre, avec ses vicaires généraux, afin d'étudier les détails de l'organisation projetée et la réforme des abus du pèlerinage.

A huit heures du matin, l'archevêque parut, le lendemain, dans la chapelle, pour y continuer son information, après avoir célébré la messe, où il « communia beaucoup de monde. » Le saint sacrifice achevé, il donna la confirmation, pendant trois heures, *à une infinité de peuple*, qui avait accouru à la chapelle, dit le procès-verbal. La cérémonie fut suivie d'une petite ordination. Mgr de Vic, en effet, admit à la cléricature *un jeune garçon, nommé Louis Vinell,* originaire de Pontéjac, en lui conférant la tonsure.

Il était midi. M. Joseph Abadie, le nouveau gardien de Cahuzac, venait d'arriver. Sans le moindre retard, l'archevêque donna ordre à son secrétaire d'établir et de remettre au titulaire les lettres en vertu desquelles il le préposait à la direction du sanctuaire.

De concert avec ses vicaires généraux, le prélat examina de nouveau les moyens les plus propres à assurer le solide rétablissement de *la dévotion en ce saint lieu.* Il lui sembla que le succès de l'entreprise se trouvait dans la création de deux auxiliaires du gardien. Il prit donc le parti « de mettre avec M. Abadie, à ses propres dépens, deux ecclésiastiques versés en la dévotion et conduite de la dévotion. » Il nomma par *lettres de provision* signées dans la même séance, MM. Dominique Lacassin, archiprêtre de Corneillan et visiteur du diocèse, et Bertrand Alixandre, prêtre et prieur de Grammont.

La Mère de Dieu s'était formé elle-même ces pieux et fervents serviteurs, l'un dans le célèbre sanctuaire de Garaison, naguère rétabli par les soins de l'archevêque d'Auch, et l'autre dans un second pèlerinage de l'Agenais. On lira avec intérêt les lignes suivantes du titre officiel des deux coadjuteurs du nouveau gardien de Cahuzac : « Pleinement informé, dit le métropolitain, de vos capacités, suffisance, piété, zèle et adresse en la conduite des âmes dévotes et en l'établissement et entretien de la dévotion qui se pratique ez églises votives pour avoir esté longtemps chapelain de *Notre-Dame de Garaison* et directeur de Notre-Dame de la Rose-lez-Agen, nous vous avons choisis, eslus, establis coadjuteurs du gardien de Cahuzac, etc... »

L'archevêque déclare, ensuite, prendre à sa

charge l'entretien de ces deux prêtres, qui travailleront, dit-il, à l'instruction des peuples, aux progrès du pèlerinage de Cahuzac « où Dieu a opéré, autrefois, tant de miracles. »

Voilà donc, désormais, le petit chapitre de Cahuzac, ou si l'on aime mieux la Compagnie de Missionnaires appelés à faire revivre la ferveur dans le pèlerinage compromis depuis longtemps. Pour inspirer la piété, la régularité aux autres, les serviteurs de Notre-Dame de Cahuzac doivent se distinguer eux-mêmes par une vie irréprochable, ennemie de tout désordre... Pour les aider à garder intacte cette vie de perfection, Mgr de Vic dresse, immédiatement, pour eux, des *Statuts*, composés de trente et un articles, qui seront leur règle et celle de leurs successeurs.

Pour abréger, nous nous bornons à en donner une analyse sommaire.

1" Les messes célébrées par les prêtres qui viennent à la chapelle, se diront avec ordre, les unes après les autres, pour la commodité des pèlerins, qui arrivent à des heures différentes.

2" Les messes de fondation seront inscrites sur un tableau et célébrées suivant les intentions des fondateurs.

3" Les marguilliers distribueront les messes de dévotion au gardien et aux prêtres habitués, approuvés par l'archevêque. A son tour, le gardien fera célébrer les messes, de manière à ce qu'il y en ait au moins six par jour.

4° Un tableau indiquera les messes de dévotion qui devront être dites chaque jour, avec le nom des prêtres, l'heure et le jour de leur célébration.

5° Un catalogue tenu par le gardien fera mention des messes célébrées chaque jour.

6° L'honoraire des messes de la semaine sera compté, le samedi matin, aux prêtres qui les auront célébrées.

7° Les messes seront servies par des clercs en soutane et surplis, « avec un bonnet carré ou de petites calottes, le collet modeste et bien propre. »

8° Nul prêtre inconnu ne sera autorisé à dire la messe, s'il n'est pourvu de lettres testimoniales ou de l'autorisation de l'archevêque.

9° Aucun prêtre connu ou inconnu « ne pourra être admis à la célébration de la sainte messe, qu'il ne soit en habit décent, avec sa tonsure, ses cheveux et sa barbe (1) modestement faites (sic) et ce, sous peine d'excommunication. »

10° Les prêtres partiront de la sacristie et y reviendront après la messe.

11° Le silence et le recueillement seront prescrits dans la sacristie.

12° Le chant des vêpres n'est pas encore définitivement fixé dans la chapelle. En attendant, elles y seront chantées la veille des fêtes de Notre-Seigneur et de Notre-Dame « par le gardien et six des prêtres qui, d'ordinaire, y seront employés pour la messe. »

13° Chaque soir, il y aura salut, mais l'heure de cet exercice variera, suivant les saisons. Il sera annoncé au son des cloches et « l'orgue jouera un

____

(1) Le port de la barbe était permis à cette époque. Tous les portraits du bienheureux Léonard de Trapes nous montrent ce prélat avec toute la barbe. Son successeur, Dominique de Vic, est toujours représenté avec ce que l'on nomme, de nos jours, l'*impériale*, c'est-à-dire avec la moustache et la barbe au menton.

peu pour exciter la dévotion des pèlerins. » Lorsque l'orgue se taira, l'un des chapelains chantera les litanies de la Vierge, après lesquelles le gardien, accompagné de deux acolytes en habit de chœur et portant une flamberge allumée, se rendra de la sacristie au maître-autel, où l'on chantera des versets pour le roi, l'archevêque, etc... Les versets terminés, on lira l'examen de conscience réduit à trois points : 1° remerciement des bienfaits reçus; 2° examen des fautes commises; 3° demande de pardon à Dieu.

Un acolyte dira, ensuite, le *Confiteor* et le gardien récitera le *Miserere* avec *Indulgentiam*, etc.. Puis, la cloche sonnera l'*Angelus*, et le célébrant terminera la cérémonie par ces mots : « *Custodiat nos omnipotens Deus. Pater et Filius et Spiritus Sanctus. Amen.* »

14° Quelle que soit l'heure de l'arrivée des pèlerins à Cahuzac, le gardien et ses auxiliaires devront toujours être à leur disposition.

15° Un tableau affiché dans la chapelle indiquera la liste des cas réservés.

16° La communion sera donnée à tout pèlerin qui la demandera.

17° Il y aura prédication ou catéchisme, le dimanche et les jours de fête, par les soins du gardien. On n'admettra sur la chaire de la chapelle « que les prédicateurs qui preschent la parolle de Dieu, sans faste et seulement pour l'instruction du peuple. »

18° Le gardien et ses auxiliaires recevront les pèlerins « avec toute sorte d'amabilité » et leur rendront tous les services possibles.

19° (La feuille est déchirée, une partie du texte a

disparu. On y lit cependant qu'il est défendu de faire des quêtes, d'annoncer des jubilés, sans l'autorisation de l'Ordinaire.)

20" Défense de rien aliéner de ce qui appartient à la chapelle.

21" Défense au gardien de s'absenter longtemps du sanctuaire, sans permission expresse.

22" Ordre est donné au gardien de veiller aux bonnes mœurs de tous ceux qui fréquenteront la chapelle, prêtres ou laïques. (Incomplet pour cause de déchirure du papier.)

23" (Texte tronqué pour cause de déchirure du papier).

24° Tous les jours, les marguilliers se rendront à la chapelle pour recevoir les dons et aumônes des pèlerins.

25" Pour que la régularité règne dans la recette des honoraires des messes, un prêtre assistera les marguilliers dans l'inscription des intentions.

26" C'est sous la direction des gardiens du sanctuaire qu'aura lieu l'emploi des dons et des offrandes des fidèles dans la chapelle.

27" On devra, dans six mois, à la diligence des marguilliers, procéder à « de nouvelles reconnaissances des pensions et rentes constituées pour la fondation des obits de la chapelle. »

28"-29" (Le texte a disparu, le papier se trouvant déchiré).

30" Défense aux marchands (1) d'étaler leurs

(1) Cette disposition était consacrée par les *Ordonnances synodales*.

Un jour, armé d'un fouet, le Sauveur chassa les vendeurs du Temple. Après lui, les évêques se firent toujours un devoir d'éloigner des lieux saints les hommes

marchandises, le dimanche et les jours de fête, près de la chapelle. La justice séculière devra agir, en cas d'infraction à cet article, contre les délinquants.

Une longue séance venait d'être consacrée à la rédaction du nouveau règlement de la chapelle de Cahuzac ; Mgr de Vic rentra dans son appartement pour y passer la nuit. Le lendemain, 11 novembre 1642, le prélat célébra la messe dans le sanctuaire et y donna la communion à *quantité de monde*. Puis, il exhorta le gardien et ses auxiliaires à observer strictement les statuts qu'il venait de dresser et dont le texte fut lu au peuple par le secrétaire de l'archevêché.

Après avoir fait son repas au presbytère de la chapelle, Mgr Dominique de Vic prit congé de Notre-Dame de Cahuzac, en lui confiant le peuple qui l'entourait et qu'il salua, pour reprendre, aussitôt, le chemin de sa ville archiépiscopale.

Le seul examen de ce règlement révèle la grande importance du pèlerinage de Cahuzac au milieu du XVII° siècle, malgré les désordres qui avaient ralenti la ferveur des multitudes envers la Vierge du sanctuaire. N'est-ce pas ce que le lecteur doit conclure en voyant le pèlerinage confié à trois missionnaires, en considérant le grand nombre de fondations inscrites dans la chapelle, la

de négoce, qui les auraient profanés. « On ne souffrira « pas que des marchands étalent dans les églises des « marchandises à vendre, quelles qu'elles soient, dit « Mgr de Montillet à la page 339 de son *Instruction* « *pastorale* de 1770, puisque tout ce qui appartient à « nos églises est plus saint que le Temple de Salomon, « où Jésus-Christ ne voulut pas permettre qu'on vendît « les choses nécessaires au Sacrifice. »

célébration de six messes, au moins, par jour. à des heures bien fixes, l'obligation pour les marguilliers de se rendre chaque jour à leur poste. pour recevoir les dons et les offrandes des fidèles ? Le *Salut* de chaque soir démontre, d'ailleurs, que les pèlerins se succédaient sans interruption dans la dévote chapelle, de l'aurore du matin où commençaient les messes, à l'aurore du soir.

Ainsi, se trouve admirablement justifié le témoignage de Mgr de Vic, affirmant, dans les préliminaires du procès-verbal de sa visite de trois jours à Cahuzac, que ce sanctuaire est L'UNE DES PLUS CÉLÈBRES DÉVOTIONS DE L'AQUITAINE.

CHAPITRE VIII

Tout semblait sagement prévu par les *Statuts* de l'archevêque d'Auch et l'on eût osé prédire que, désormais, tout désordre deviendrait impossible, dans le pèlerinage de Cahuzac. Mais, hélas ! les règlements de Mgr de Vic ne furent pas respectés comme on était en droit de l'espérer, après leur confirmation solennelle des 28 et 29 mai 1643 (1). Certains prêtres ne tardèrent pas à s'ingérer de nouveau dans les affaires de la chapelle. Réfractaires aux ordonnances de l'archevêque, ils célébraient la messe sans autorisation préalable de M. Abadie, directeur des chapelains, et provo-

(1) *Glanages* de Daignan du Sendat. — Archives diocésaines.

quaient, de la sorte, une vraie confusion dans l'exercice des offices divins.

Et puis, les marguilliers, peu attentifs à s'occuper des *bassins* du pèlerinage, s'efforçaient de s'affranchir de l'autorité du gardien. Ils négligeaient de recevoir, d'enregistrer les honoraires des messes, les oblations et autres dons faits à Notre-Dame. Leur retard à rendre compte des recettes au directeur de la maison, mettait M. Abadie dans l'impossibilité de satisfaire aux désirs des bienfaiteurs et donateurs. Sous prétexte d'*œuvre pie*, ils allèrent même, un jour, jusqu'à détourner une partie du luminaire et s'oublièrent jusqu'à refuser de fournir la somme de 285 livres, nécessaire à l'entretien de MM. Abadie, directeur, Montmoulon et Guillaume Despax, prêtres-chapelains, successeurs des deux premiers auxiliaires nommés par l'archevêque d'Auch.

Tout était en souffrance dans l'exercice du culte, par la faute des marguilliers dont l'obstination à n'admettre aucun contrôle dans leur comptabilité refroidissait la charité des pèlerins, nuisait à la ferveur des âmes pieuses, éloignait les fidèles et privait le peuple des fonctions religieuses. Au fond, le quartier de Cahuzac travaillait à se soustraire à l'autorité de la chapelle et à former une paroisse.

Sous prétexte de supprimer ces désordres criants, les habitants de Cahuzac eurent recours à l'archevêque d'Auch, qui s'empressa d'envoyer sur les lieux M. Daignan, son grand vicaire, que devait assister Dom Jean Gelède, prieur de l'abbaye de Gimont (1).

____

(1) *Glanages* de M. Daignan du Sendat. — Archives diocésaines.

Les délégués avaient pour mission d'examiner, dans l'intérêt des âmes, s'il ne conviendrait pas d'établir à Cahuzac, un prêtre spécialement chargé de l'administration des fidèles de Cahuzac, dans une église désignée à ces fins et d'y créer un cimetière pour la sépulture des habitants de ce *parsan* (quartier).

L'information se fit conformément aux vœux de l'archevêque. Au rapport des vicaires généraux, le moyen de mettre un terme à toute discussion, consistait à ériger l'une des chapelles de l'église de Cahuzac en église paroissiale, d'y annexer un cimetière et de désigner un curé qui serait chargé de l'administration du parsan de Cahuzac et doté d'un traitement pris sur le dîmaire du quartier. Tel fut aussi l'avis de Dom Guillaume Noguès, syndic des religieux de l'abbaye de Cahuzac, des Frères Dardenne, Lacoste, d'Alem, moines du couvent. M. Abadie, gardien de la chapelle, approuva leur jugement qui fut, aussi, confirmé par MM. Daran, Lagarrigue, Ponsin, Besoufle (?) et Lomaigne, marguilliers de Notre-Dame de Cahuzac.

Nous sommes à l'année 1645. Jusque-là, les ordonnances archiépiscopales des 9, 10, 11 novembre 1642, 28 et 29 mai 1643, étaient demeurées lettre morte. Mgr de Vic les renouvelle, en 1645, et en prescrit l'exacte observation.

De plus, il impose aux marguilliers l'étroite obligation de rendre scrupuleusement leurs comptes, de fournir, chaque semaine, le rôle des messes inscrites, afin que les chapelains les acquittent avec exactitude et sans délai, suivant le vœu des pèlerins. Défense leur est intimée de rien distraire des revenus de la chapelle, sous quelque prétexte que ce puisse être et il leur est ordonné de payer, aux termes des règlements antérieurs, le traitement fixé pour l'entretien de M. Abadie, gardien et des deux autres chapelains, MM. Montmoulon et Despax.

L'excédent des revenus, s'il y en a, au-dessus d'une somme de *trois livres*, ne pourra être employé que selon les volontés de l'archevêque et de ses grands vicaires. Afin d'éviter, à l'avenir, toute sorte de conflit, chaque trois mois, les marguilliers acquitteront, entre les mains du directeur de l'œuvre, le quart de la somme totale de 740 livres destinée à l'entretien des chapelains et dont l'emploi se trouve ainsi déterminé : 500 livres pour la nourriture des trois chapelains et du clerc de la chapelle, 140 livres pour le vestiaire du gardien et le traitement du clerc, 100 livres pour le vestiaire de M. Despax, chapelain.

D'après les nouveaux *Statuts*, l'un des prêtres du sanctuaire devait spécialement veiller à l'inscription des messes demandées par les pèlerins. L'archevêque déclarait, ensuite, que l'église de *Saint-Sauveur*, bâtie à quelques pas, à l'est de la chapelle de *Notre-Dame de Cahuzac*, allait être le centre de la paroisse, qu'il créait au parsan de Cahuzac, appelé *bourg Saint-Bernard*, et dont l'administration était confiée au curé de MARROX. Celui-ci, avait ordre d'y faire toutes les fonctions curiales, moyennant un traitement servi par les soins de l'archevêque d'Auch, qui prescrivit de pourvoir l'église de *Saint-Sauveur* d'un tabernacle, de fonts baptismaux et d'ornements pour l'exercice du culte. Enfin, le prélat ordonna d'acheter un terrain suffisant pour l'établissement d'un cimetière sur le point le plus central de la paroisse. En attendant, les morts du parsan de Cahuzac devaient recevoir la sépulture dans la chapelle de *Saint-Saureur*.

Telles sont les dispositions contenues dans la troisième ordonnance concernant Cahuzac, donnée par Mgr Dominique de Vic « en la chapelle de Notre-Dame de Cahuzac-lez-Gimont, le 21 avril 1645. » Cette fois, le prélat fut obéi et l'ordre rétabli dans le pèlerinage. On peut le conclure d'un *État de recettes* du sanctuaire, providentiellement conservé dans les *Glanages* de M. Daignan du Sendat déposé aux archives de l'Archevêché d'Auch.

Ce livre de comptes, fidèlement tenu par M. Despax, prêtre et chapelain de Cahuzac, comprend une période de neuf ans. Il va du 14 octobre 1653 au 13 août 1662. Au départ de M. Montmoulon, chapelain, dont M. Despax prit la succession, il restait en caisse une somme de 101 livres. L'examen de ce précieux registre révèle, qu'en moyenne, à cette époque, le nombre de messes inscrites à Cahuzac, s'élevait au chiffre de six cents environ (exactement 580).

La mort de Mgr Dominique de Vic, survenue en 1661, causa de nouveaux troubles dans le sanctuaire de Cahuzac relevé par la main ferme, l'inflexible volonté du prélat. Profitant de la vacance du siège, les marguilliers de la chapelle se montrèrent plus hardis que jamais. Agissaient-ils à l'instigation des religieux de l'abbaye, qui regardaient le pèlerinage comme une dépendance de leur monastère ? On ne saurait le dire, mais le nouvel archevêque d'Auch, Mgr de La Mothe-

Houdaucour, ne paraît pas disposé à seconder leurs revendications. Un conflit se préparait.

Le couvent de Cahuzac avait alors pour *abbé commendataire*, Jules-César Faure Berbesses ou de Fabre, président du Parlement de Metz. La plupart du temps ces abbés commendataires, laïques ou autres, furent la ruine des maisons religieuses qui eurent le malheur de tomber sous leur domination. Ils les traitaient en pays conquis pour assouvir leur soif d'honneur et de richesses (1).

Réduits à la misère par ces tyranneaux qui n'avaient de religieux que le titre demandé à la faveur, les moines s'accrochaient parfois, pour assurer leur misérable existence, aux branches qui, par hasard, s'offraient à leur main en détresse. N'est-ce point le cas pour les religieux de Cahuzac, à l'époque dont nous parlons ?

Prévenus de leurs desseins, les vicaires capitulaires d'Auch — le siège métropolitain vaquait — demandèrent une consultation à Toulouse, contre les agissements des envahisseurs du pèlerinage de Notre-Dame de Cahuzac. M. Parisot, jurisconsulte, fut d'avis que le siège archiépiscopal d'Auch étant vacant — la chapelle en dépendait, au dire des grands vicaires — il appartenait au chapitre auquel la juridiction spirituelle était dévolue « de faire réparer l'attentat ». Si le chapitre refusait d'intervenir dans l'instance, on pouvait se pourvoir, soit au nom des vicaires généraux, soit au nom du Parlement, qui est toujours partie légi-

(1) On peut lire la preuve des exactions de ces abbés dans notre étude : *Séminaires du diocèse de Tarbes*, pp. 24 et suivantes, ou dans les archives du Grand Séminaire d'Auch, au dossier Monnais.

time pour maintenir les droits du métropolitain.

Pour ce qui concerne les chapelains de Cahuzac, ils pourraient « former instance de réintégrance, « puisqu'ils ont été dépossédés de voie de fait et « avec violence. » Mais l'intérêt de l'archevêque, ajoutait M. Parisot, soutenu par le chapitre ou par le promoteur, « sera plus considérable ». Au nom de l'un d'eux, « il faut donner requête à la « cour, sans qu'il soit besoin de parler de l'inci- « dent qu'on dit avoir esté fait cy-devant par le « syndic de l'abbaye pour obtenir permission d'in- « former des excès commis par lesdits religieux et « autres et réintégrance des chapelains institués « par feu M. l'Archevêque. »

Afin de faciliter le rétablissement des chapelains supplantés par les moines, il fallait présenter, au plus tôt, l'information déjà faite sur la question pendante, de manière à justifier l'invasion de la chapelle par les religieux et les contraindre à réintégrer ceux qui étaient les *légitimes posses- seurs* (?) (25 mai 1662).

Sans tenir compte de cette consultation qu'ils durent connaître, les moines de Cahuzac s'enhar- dirent dans leurs prétentions, car ils croyaient défendre les droits de leur couvent.

Par leur ordre, les marguilliers envahirent la chapelle, le 13 août 1662 et *se saisirent du livre des recettes,* dit le *Mémoire* encarté dans les *Gla- nages* de Daignan du Sendat. Plus tard, en 1663, les religieux eux-mêmes prirent possession du sanctuaire. Le directeur officiel du pèlerinage, M. Despax, dut se retirer provisoirement à Gimont, d'après les prescriptions des vicaires généraux, qui voulaient éviter un scandale.

L'archevêque intervint bientôt, et obtint du roi de France deux *lettres de cachet,* en vertu desquelles il éloignait de Cahuzac deux religieux de l'abbaye, indûment chargés, à son avis, du gouvernement du pèlerinage. L'une d'elles porte la date du 19 décembre 1662. Le roi ordonne aux moines de remettre la chapelle et les ornements violemment saisis, aux chapelains, directeurs du sanctuaire, depuis plusieurs années, et chargés d'y faire le service divin sous « l'autorité et juridiction du seigneur archevêque d'Auch. » M. Daignan du Sendat fournit ces renseignements dans ses *Glanages* (1), d'après les pièces officielles dont il doit, dit-il, la communication à M. Bellin, chapelain de Cahuzac.

Persuadés de la justice de leur cause, les religieux de l'abbaye s'efforcèrent, mais en vain, de démontrer à l'archevêque la légitimité de leur empiètement (2). Mgr de Lamothe-Houdancour demeura maître du terrain. Il rappela à Cahuzac l'ancien chapelain, M. Despax, avec son auxiliaire. L'événement eut lieu au mois de novembre 1664. On voit que le débat avait duré longtemps. Il n'était pas fini.

Les moines évincés se plaignirent amèrement du procédé sommaire qui les arrachait à la chapelle. Ils en firent tomber la responsabilité sur M. de Faure, abbé commendataire, qui *se mettait peu en peine de conserver ses droits au pèlerinage, les droits des religieux, la rente annuelle de cinquante*

(1) Bibliothèque municipale d'Auch, t. LXXII, p. 823 des *Glanages.*
(2) Archives du Grand Séminaire d'Auch. *Mémoire* concernant la chapelle de Cahuzac.

livres due par le sanctuaire, en vertu des accords antérieurs, « et cela, ajoute le *Mémoire*, en dépit d'une transaction signée depuis peu à Paris, entre lui et Dom Lacaze, prieur du couvent de Gimont. »

Bien plus, ajoute le manuscrit relatif à cette affaire, M. de Faure songeait à confier la chapelle aux Pères de la *Doctrine chrétienne* de Gimont (1). L'abbé commendataire oubliait donc, dit le *Mémoire*, « que la chapelle de Cahuzac, qui est la fondation de la maison (couvent de Cahuzac), ne peut pas ni ne doit pas tomber en main morte, non plus que la rente des biens que ladite maison possède. »

Mgr Houdancour fit échouer tous ces projets. M. de Laval et un autre ecclésiastique prirent possession du pèlerinage en qualité de chapelains, en 1665, époque où M. Despax rendit ses comptes, jusqu'au mois de mai de cette même année.

L'année 1665 est celle de la visite canonique de *Notre-Dame de Cahuzac* par l'archevêque d'Auch, qui s'y rendit le 17 avril. Dans son procès-verbal, le prélat donne peu de détails sur la chapelle dont il fait une description très sommaire. Nous voulons, surtout, noter dans ce document conservé aux archives de Mademoiselle d'Aignan, à Auch, quelques passages relatifs au personnel du sanctuaire.

Lorsque Mgr de Lamothe-Houdancour interroge le gardien sur le nombre de prêtres de Cahuzac, M. Guillaume Despax, « prêtre de l'église de

---

(1) Les Pères de la *Doctrine chrétienne* avaient déjà la direction du collège de Gimont, par acte du 3 août 1621 et ils s'occupaient du pèlerinage de *Notre-Dame de Tudet*, depuis l'année 1617, environ. On comprend sans peine que l'idée de leur confier *Notre-Dame de Cahuzac* ait hanté certains esprits.

Pessan », prend la parole et nomme MM. Joseph d'Abadie, « prêtre de l'église de Pouycasqué » (Puycasquier), Denys Monmoulon et Jean Dupuy. chargés du pèlerinage par Mgr Dominique de Vic. M. « d'Abadie » fut gardien, dit M. Despax, les autres étaient prêtres habitués et résidaient à Cahuzac avec mission d'y administrer les Sacrements aux pèlerins, d'y célébrer la messe, etc.

MM. d'Abadie, Monmoulon et Dupuy ayant été pourvus d'un bénéfice, depuis quelques années. M. Despax déclare qu'il est resté seul auprès de *Notre-Dame de Cahuzac*. Divers prêtres de Gimont et d'Aubiet viennent dire la messe à la chapelle, chaque jour, à peu près. Ce sont : MM. Ducasse, Brandelar, Arrivet, Daignan, Nicolas, Berault, Noguez et Lausin.

Toutefois, MM. Brandelar et Arrivet, seuls, lui sont de quelque utilité, en certaines rencontres, pour recevoir les pèlerins et les entendre en confession.

CHAPITRE IX

Sommaire : En 1667, un nouveau conflit éclate entre l'archevêque d'Auch et l'abbaye de Gimont, qui réclame la rente annuelle de 50 livres et 20 livres de cire. — *Mémoire* des Vicaires généraux de l'archevêque, Mgr Houdancour, qui se trouve à Paris. — Quelle était l'église donnée au couvent par Gérard du Brouil ?

Nous venons d'assister à la fin de la deuxième contestation soulevée par les moines de Gimont contre l'archevêque d'Auch. Elle avait duré deux ans. La première, engagée contre Mgr de Vic, en 1645, s'était prolongée beaucoup plus longtemps. Elles eurent pour résultat de mettre un terme aux prétentions de trois religieux, Frères Gelède, Noguez et Lacaze qui, successivement, avaient jeté leur dévolu sur la chapelle de *Notre-Dame de Cahuzac*, sous prétexte que c'était une cure.

Un troisième conflit surgit entre le couvent et l'archevêché d'Auch, en 1667. Le pèlerinage était confié, alors, à Guillaume Despax et à Jean Rousseau (1). Mgr Houdancour se trouvait à Paris. Ses grands vicaires, informés des projets du monastère de Gimont, adressèrent au prélat (janvier 1668), un *Mémoire contre les prétentions de l'abbé et religieux de Gimont, touchant la chapelle de Notre-Dame de Cahuzac* (2). Nous allons demander à ce

(1) Archives de Mademoiselle d'Aignan, à Auch.
(2) Archives de Mademoiselle d'Aignan. Il y a deux exemplaires du *Mémoire* ou plutôt la minute et une copie de ce travail.

rapport les détails du troisième procès engagé au sujet de la chapelle miraculeuse.

Le conflit eut pour point de départ la demande envoyée, par l'abbé de Gimont, aux marguilliers et aux administrateurs du pèlerinage, au sujet de 50 livres de rente annuelle et de 20 livres de cire dues au monastère, en vertu de la coutume religieusement observée, depuis 1527 jusqu'en 1642. Elle était établie par l'accord conclu, en 1527, entre l'abbé de Gimont et les marguilliers de la chapelle. accord, plus tard confirmé (1552), par suite d'une transaction passée entre les consuls et l'abbé de Gimont.

Dans le but de rendre plus facile l'étude du débat actuel, les auteurs du *Mémoire* remontent aux origines du couvent de Gimont, fondé par noble Géraud du Brouil, qui donne aux religieux les terres, les revenus mentionnés ailleurs, avec *l'église rurale de Notre-Dame de Cahuzac*. Le mémoire rappelle le différend survenu entre Amanieu d'Armagnac, archevêque d'Auch et l'abbé de Gimont, ainsi que la sentence prononcée par Garcie, chanoine de Dax, en 1279. Malheureusement, cet arbitre, accepté par les deux parties en litige, mourut avant le règlement définitif des questions débattues entre l'archevêque et le couvent de Gimont. De là, tous les conflits auxquels nous avons assisté et le nouveau débat soulevé par Dom Lacaze, prieur de Gimont, qui, sans se laisser déconcerter par l'insuccès de ses prédécesseurs. se déclare pourvu en cour de Rome de l'église et de la cure de Cahuzac.

Ses réclamations, à cet égard, ne sont pas mieux fondées que celles de ses devanciers. Les raisons abondent, prétendent les partisans de l'archevêque d'Auch.

1° Lacaze réclame une cure qui n'est pas encore établie, puisque d'après les titres que nous avons analysés, les dîmes du territoire de Cahuzac « appartiennent à l'abbé de Gimont, à la charge de pensionner un curé, quand le peuple y serait assez nombreux pour y ériger une cure. » Or, cette érection n'a pas eu lieu. Pour l'accomplir, il fallait examiner si la population était suffisante pour une création de cette espèce et, dans le cas de l'affirmative, il convenait de demander à l'archevêque l'érection de Cahuzac en paroisse et de la chapelle en église paroissiale. Ces formalités n'ayant pas été observées, la cure n'existait pas, lorsque Dom Lacaze l'a *impétrée*, en cour de Rome.

2° Dom Lacaze aurait dû réfléchir avant de destiner la chapelle de Cahuzac à la nouvelle paroisse dont il rêvait la création. De quel droit a-t-il proclamé Cahuzac église paroissiale ? Sa précipitation est blâmable. Elle constitue un « attentat dans l'ordre ecclésiastique. » Pour procéder à la fondation projetée, la sagesse exigeait de demander, d'abord, une église qui serait le siège de la paroisse, et, ensuite, d'attendre l'autorisation des supérieurs ecclésiastiques.

3° Le prieur de Gimont a tort de se réclamer de la sentence de Garcie, chanoine de Dax, pour affirmer que *Notre-Dame de Cahuzac* était l'église visée par l'arbitre pour la paroisse à créer (1).

(1) Il y a une inexactitude involontaire dans ce paragraphe, lorsqu'on dit que Garcie, dans sa sentence, « parle de l'église rurale de *Notre-Dame de Cahuzac* qui était déjà bâtie du temps de la donation de Guillaume

Il s'agissait d'une autre église rurale, on va le voir dans le paragraphe qui suit.

4° La preuve que Notre-Dame de Cahuzac, chapelle votive, n'était pas destinée à être église paroissiale, c'est que, de tout temps — « *quoique par commission tant seulement* » — on a administré les sacrements aux habitants de Cahuzac, dans une autre église, qui est dans le même territoire et porte le nom de *Saint-Sauveur*.

5° Sur quoi se fonde Dom Lacaze pour affirmer que le curé de Cahuzac doit être moine, ce qui est contraire au droit commun ? Pas un mot, dans les actes, n'autorise cette insertion. Il est dit, simplement, que l'abbé de Gimont nommera et présentera un curé au métropolitain, pour l'administration de la paroisse.

Pour ces divers motifs, il demeure évident que la « prétention de ce dévolutaire est ridicule, que son « titre est nul et que, si on relève appel comme « d'abus, aussi bien que de son visa et signature, « on l'emportera sans beaucoup de peine. »

Ainsi s'exprime le *Mémoire* où l'on conteste aux moines de Gimont leur participation à l'érection en cure de la chapelle de Cahuzac (1). S'ils ont

du Brouil, en l'an 1142, au lieu que cette chapelle (actuelle) de Notre-Dame de Cahuzac ne commença d'être bâtie que l'an 1513 et qu'elle ne fut parachevée qu'en 1530. » Il ne faut pas perdre de vue que la chapelle actuelle de Cahuzac fut substituée à la chapelle en terre plus ancienne. C'est donc la même, au fond.

(1) Jean Duclos, auteur du *Tableau de la miraculeuse chapelle de Notre-Dame de Cahuzac*, aurait-il voulu prendre couleur dans le débat, en faveur de l'archevêque et contre les moines, lorsqu'il écrit au chapitre Ier de son opuscule : « Le second retour de l'image de la Vierge sur l'ormeau fut un miracle si éclatant dans tout le royaume, qu'on y voyait accourir en foule, que les

fourni des matériaux pour le monument, on les leur a payés, comme l'attestent les livres de comptes de 1515, 1516, etc.. Le terrain même de l'édifice ne leur appartenait pas, puisqu'il fut acquis, en 1513, époque de la reconstruction du sanctuaire, de Nicolas Marot, moyennant la somme de sept écus, comme en témoigne l'acte passé, le 27 décembre 1513, en l'étude de Me Marsans, notaire, à Gimont.

Mais le monastère a, peut-être, doté la chapelle? Pas davantage. Nulle part, dans les comptes des marguilliers, on ne voit trace des libéralités du couvent en faveur de l'église miraculeuse. Or, ces registres signalent les moindres aumônes accordées à Notre-Dame de Cahuzac. Les faveurs des moines y seraient consignées, s'ils en avaient accompli envers la chapelle. Mais non, loin de faire des largesses à Cahuzac, l'abbaye l'obligeait à lui payer des redevances. N'est-ce pas ce qui ressort d'un acte de 1525, par lequel les marguilliers s'engagent à payer aux religieux une redevance annuelle de 50 livres d'argent et 20 livres de cire? Et, cependant, toutes les ressources étaient nécessaires, alors, pour achever les constructions commencées, qui se poursuivirent jusqu'en 1530!

On est mal venu à soutenir que la chapelle de Cahuzac était appelée à devenir le siège d'une paroisse, à prendre le titre curial. Y a-t-on jamais vu des fonts baptismaux, ni rien qui fût destiné à

---

dons et les offrandes de dix-sept années fournirent assez d'argent pour bâtir, dans le jardin (voisin du lieu de l'apparition) qui fut acheté le 12 du mois d'octobre de l'année 1513, une chapelle des plus belles et des plus célèbres qui soient en France, placée sous l'autorité de Nosseigneurs les Archevêques d'Auch. »

une cure ? Non. La paroisse devait avoir un centre
ailleurs.

Il y a, en effet, dans le territoire de Cahuzac une
autre église très ancienne, désignée sous le nom
de *Saint-Sauveur*, où, de temps immémorial, on
administre les sacrements aux habitants du quartier
de Cahuzac. C'est l'édifice actuellement indiqué
pour être érigé en église paroissiale.

Sans doute, on ne saurait fournir des documents
pour démontrer quelle fut, d'une manière précise,
l'église donnée au monastère par Gérault du Brouil,
au temps de la fondation du couvent, mais il est
permis de supposer que c'était celle de *Saint-
Sauveur*.

L'auteur du Mémoire aurait dû s'arrêter à cette
conjecture, presque vraisemblable. L'église mentionnée dans l'acte de donation de Gérauld du
Brouil était celle de *Saint-Sauveur*, dit-il, ou bien
« la chapelle bâtie au coin du monastère de laquelle
« les moines et abbés se servaient commodément,
« attendant que leur grande église fût bâtie. »
Cette seconde hypothèse est contredite par l'inscription gothique gravée au-dessus de la porte de la
chapelle, qui formait l'angle nord-est de la clôture
du couvent de Gimont. Nous l'avons rapportée au
chapitre second : *Lan M^lD^e : mossen : Pey : Debidos :
abat : fei : fe : la : present : capera : le : la : clautura : et* (1).

____

(1) Voir, plus haut, p 23. — Il n'est pas admissible
qu'en disant : « la chapelle bâtie au coin du monastère »,
le *Mémoire* ait voulu désigner le bâtiment en forme
d'église, qu'on aperçoit à l'angle sud-ouest de l'Abbaye.
Cet édifice est bien postérieur à 1142, époque de la
fondation du Couvent.

Quoi qu'il en soit, poursuit le *Mémoire*, l'église qu'on cherche n'est pas celle de Notre-Dame de Cahuzac. Ni l'abbé ni le monastère de Gimont ne sont patrons de la chapelle miraculeuse. Dom Bidos, abbé de Gimont, revendiqua ce titre, il est vrai, mais les consuls de Gimont devant lesquels se rendaient les comptes du sanctuaire lui contestèrent cette qualité ou voulurent, du moins, le partager avec lui. C'est en 1535 que les consuls et l'abbé prennent conjointement la qualité de patrons de Cahuzac, lorsque les marguilliers de la chapelle apurent les comptes en leur présence. Cet état de choses dura jusqu'en 1555, époque où moines et consuls renoncèrent à leur privilège de patronage sur Notre-Dame de Cahuzac.

L'interminable querelle que nous venons d'étudier finit par une transaction, en 1669. Nous en parlons dans le chapitre suivant.

CHAPITRE X

En 1669, s'ouvrit une ère plus tranquille, plus
heureuse et plus féconde pour *Notre-Dame de
Cahuzac*. Mgr Dominique de Vic avait donné des
Statuts aux chapelains du pèlerinage. Mais les
difficultés des circonstances en rendirent, parfois,
l'observation impossible, bien qu'on les eût reçus
avec vénération et gardés avec exactitude. La
malencontreuse ingérence des marguilliers dans
les affaires du sanctuaire fut une des causes de
ce grave désordre.

Désormais, plus rien n'est à redouter, de ce côté.
M. Etienne Daignan du Sendat, vicaire général de
l'archevêque, se fait gloire, lui-même, de prendre
le titre de *chapelain de Cahuzac* et des hommes
nouveaux, animés d'un zèle ardent, d'une brûlante
charité, sont préposés à la garde du pèlerinage.
Ce sont : MM. Fleur, prêtre, docteur en théologie,
Sébastien Broustet et Charles Descomps. Le

premier aura le titre de *gardien ;* les autres seront *chapelains.* Ces Messieurs succédaient à Guillaume Despax et à Jean Rousseau, nommés au chapitre précédent.

En sa qualité de *premier chapelain de Notre-Dame de Cahuzac,* M. Etienne Daignan du Sendat rédigea de nouveaux *Statuts* pour la communauté renaissante. Après avoir rendu hommage à la sagesse de l'administration des derniers chapelains, *qui firent bon usage des biens spirituels et temporels de Cahuzac,* le grand vicaire exprime le ferme espoir que, désormais, « tout ira en augmentant et en se perfectionnant, si les chapelains de Cahuzac mettent en pratique les ordonnances » qu'il leur adresse au nom de Mgr de Lamothe-Houdancour et dont nous fournissons une large analyse.

I. Les chapelains devront observer tous les règlements établis par feu Mgr Dominique de Vic, touchant la direction de la chapelle, de la communauté et de la résidence des *gardiens,* sauf en ce qu'ils ont de contraire à la nouvelle règle de la maison.

II. En sa qualité de chef de la communauté, le *gardien* a le gouvernement principal du *spirituel* et du *temporel* de la chapelle, sous l'autorité de l'archevêque d'Auch. A lui, revient le devoir d'observer et de faire observer par les chapelains, les règlements du pèlerinage. Il en sera de même à l'égard des domestiques et des *prêtres habitués du voisinage.* Chaque soir, les clés de la chapelle seront portées dans une chambre par le concierge ou le serviteur chargé du soin des portes.

III. L'oraison se fera en corps de communauté, à la tribune et pendant une demi-heure, sur les points proposés par le gardien, le soir, après l'examen particulier. Cet exercice aura lieu à quatre heures précises du matin, depuis la fête de Pâques, jusqu'au 1er octobre et à cinq heures, aux autres époques de l'année.

Toutefois, l'heure de la méditation sera avancée ou reculée, suivant les exigences du service, aux jours de grands concours de pèlerins.

Immédiatement avant les repas, les chapelains se rendront, aussi, à la tribune, afin de consacrer une demi-heure à l'examen particulier *(Récollection)*. La cloche, confiée au sacristain, sonnera l'heure de ces divers exercices.

IV. Pour les offices de la semaine, tels que : célébration de la grand'messe, salut du soir, on observera l'ordre de réception des chapelains pour désigner le célébrant de semaine par rang de doyenneté. Seules, les fêtes de première classe seront réservées au gardien.

V. Chaque mercredi, à deux heures de l'après-midi, la communauté se réunira en conseil, pendant une heure, sous la présidence du gardien ou, en son absence, du chapelain le plus ancien. Une partie de la conférence était réservée à l'étude de la vie spirituelle, aux pratiques de vertu. Les affaires temporelles remplissaient le reste du temps.

VI. Un placard, affiché à la porte du réfectoire ou dans un autre endroit convenable, indiquait, à l'avance, aux chapelains, les points à étudier pour la solution d'un cas de conscience proposé par le gardien et discuté, chaque vendredi, à deux heures du soir, sauf les jours de fête solennelle. Le gardien avait la présidence de cette discussion théologique.

VII. Avant de rien entreprendre, les officiers de la maison devaient exposer leur dessein, qui était examiné à la prochaine assemblée hebdomadaire. Dans les cas pressés, ils prenaient simplement l'avis du gardien.

VIII. L'office de sacristain étant le plus important des emplois inférieurs, celui des chapelains qui, chaque année, le 1er octobre, sera chargé de l'exercer, fera en sorte de réunir les qualités nécessaires à l'accomplissement d'une si sainte fonction. Son attention se portera sur la propreté, le bon état des autels et des ornements sacerdotaux, les *parements* d'autel et autres objets servant aux fonctions saintes. Il veillera sur le luminaire et, chaque jour, il inscrira sur un registre les messes et autres services à célébrer à la décharge de la chapelle. Enfin, l'inventaire des meubles de l'église et de la sacristie devait être vérifié ou dressé le lendemain de l'institution du sacristain, par le gardien de la maison et les deux officiers entrant en charge ou sortant de fonction.

L'acte de vérification signé par les trois chapelains passait, ensuite, aux archives de la maison avec mention expresse des meubles acquis durant l'année.

IX. Chaque année, le 1er octobre, devait avoir lieu, dans l'assemblée convoquée à cet effet, la création du *sacristain* et du *syndic*. En cas de partage des voix, la décision du gardien était prépondérante, dans le sens qu'il voulait La charge, d'ailleurs, était annuelle.

Toutes les affaires temporelles de la chapelle et de la maison rentraient dans les attributions du syndic, qui administrait sous la direction des supérieurs ecclésiastiques. Les trois registres contenant : 1° les revenus, 2" les honoraires des messes, dons, etc., 3" les dépenses du pèlerinage, étaient soumis, chaque lundi, au contrôle du gardien, à cinq heures du soir et en présence des autres membres de la communauté, qui signaient le règlement hebdomadaire des comptes. Puis, les fonds étaient remis par le syndic dans un coffre fermé à deux clés confiées, l'une au syndic, l'autre au gardien.

C'est le 26 septembre 1669, que ces nouveaux statuts furent imposés aux chapelains de Cahuzac par M. Daignan du Sendat.

Il n'est point question, dans ces règlements, de l'administration de la paroisse de Cahuzac. Ce n'est pas sans motif. Le litige n'était pas encore jugé entre l'abbaye de Gimont et l'archevêque d'Auch. Conformément à l'ordonnance de Mgr de Vic, écrite à Cahuzac, le 21 avril 1645, le curé de Marrox administrait les sacrements dans le parsan de Cahuzac et les offices étaient célébrés dans la chapelle de *Saint-Sauveur*.

En 1672, la cure n'est pas encore fondée, car le *Pouillé* du diocèse d'Auch, de cette année, s'exprime, ainsi, à la page 334 : « Un accord intervenu entre l'archevêque d'Auch et l'abbé de Gimont portait que lorsqu'il y aurait un nombre considérable d'habitants dans le terroir de Cahuzac, on y érigerait une cure, *ce qui n'est pas* encore exécuté. Néanmoins, c'est une paroisse et la chapelle votive de Saint-Sauveur sert pour les fonctions curiales. »

Saint-Sauveur de Cahuzac prend le titre de cure dans le *Pouillé* de 1729, rédigé sous Mgr de Polignac, cardinal-archevêque d'Auch. « Cette église, dit à son tour Dom Brugèles (*Chroniques* du diocèse d'Auch, p. 449), était autrefois une cure vicairie perpétuelle. Elle fut réduite en simple annexe de Marrox (1) par une concorde passée en 1696, entre Mgr de Suze et M. Dubourg, abbé de Gimont, mais elle fut impétrée en cour de Rome, l'an 1742, comme cure, faute d'avoir fait homologuer la concorde. »

Ces indications sont exactes. L'administration de la paroisse de Cahuzac, au moment de la Révolution, et avant cette époque, par les chapelains de Cahuzac, est attestée par les documents de cette période. Pour ce qui est de « la concorde de 1696 », elle est absolument certaine. On en trouve le texte dans les *Glanages* de Daignan du Sendat (2).

Aux termes de cette pièce officielle, tout le débat entre l'archevêché et l'abbaye aurait roulé sur une malheureuse équivoque, « source de diverses sentences contraires aux métropolitains d'Auch. »

(1) Aujourd'hui, cette paroisse est annexe de Juilles. Son église, très modeste, dédiée à *saint Jean-Baptiste*, est bâtie sur le penchant d'une colline. Elle ne date que de 1785, environ. C'est à l'ouest, à 500 mètres, à peu près, au lieu dit : *au Souis*, que s'élevait l'ancien édifice. A l'est de l'église, dans le quartier de *La Rameu* (Arrameou), on a découvert de nombreux tombeaux en brique, à sommet tectiforme, dans lesquels les cadavres étaient couchés sur la face. On raconte que le château féodal de Marrox s'élevait sur ce point et que les châteaux voisins de *La Tour blanque* et de *Miremont* furent souvent en guerre avec lui, pendant le moyen-âge. Tous ont disparu. De là, le refrain populaire exprimé en patois :

> *Miromount n'és mort ;*
> *La Tour Blanco plouro,*
> *L'Arraméou dits : ey pas mès houro.*

(2) Bibliothèque municipale d'Auch. Manuscrits. Tome LXXIII, pp. 1039 et suivantes.

Nous croyons, pour notre part, que cette interminable querelle avait sa source principale dans l'ignorance où se trouvaient les deux parties de leurs droits respectifs, qu'on aurait dû chercher dans les titres originaux. Quoi qu'il en soit, les archevêques finirent par faire prévaloir l'idée qu'on avait confondu la chapelle de *Notre-Dame de Cahuzac*, dépendante de l'autorité diocésaine, avec la chapelle de *Notre-Dame* « qui est dans le terroir de Cahuzac et joignant les murs de l'enclos du monastère, qui est encore en nature et toute semblable aux chapelles que les seigneurs des paroisses ont près de leurs châteaux. »

La chapelle de Cahuzac, au contraire, ajoutaient-ils, est une grande église voûtée, très bien bâtie et qui, jamais, ne fut l'œuvre d'un seigneur de paroisse. Voilà pourquoi les archevêques d'Auch en eurent toujours la direction.

Ce raisonnement n'offre pas plus de solidité qu'un château de cartes. Comment les moines ne l'ont-ils pas démontré ? 1° La chapelle en litige ne peut être la chapelle *Notre-Dame*, puisqu'elle fut bâtie en 1500, l'inscription qu'on y voit l'établit. — 2° La chapelle de *Notre-Dame de Cahuzac*, grande et belle église, ne fut pas l'œuvre d'un seigneur, c'est vrai, mais elle fut construite sous la direction des moines de Gimont, en 1513, sur les fondements d'une chapelle en terre, beaucoup plus ancienne, chapelle sûrement visée dans l'acte de 1142 par lequel Gérauld du Brouil donnait au monastère le terroir de Cahuzac. N'est-ce pas ce qui ressort des premières contestations de l'abbaye avec les archevêques ? Ceux-ci avaient abandonné le système de défense qui consistait à voir l'église en litige dans la chapelle de *Saint-Sauveur*. Cette chapelle de Saint-Sauveur n'a jamais été paroissiale, disait le mémoire adressé à Mgr Houdancour, au mois de janvier 1668. « Elle fut bâtie par un gentilhomme pour réparation d'un soufflet donné à un moine de Gimont. » Les religieux ne s'étant installés à Gimont qu'en 1142, il est manifeste que la chapelle énoncée dans l'acte de fondation, comme devant devenir paroissiale, lorsque Cahuzac serait habité, ne pouvait être ce petit édifice rural expiatoire.

Las de luttes, sans doute, les moines finirent par transiger avec l'archevêque d'Auch. Le procès était encore pendant devant le parlement de Toulouse. Le 25 avril 1696 (1), les délégués du couvent et de Mgr de Suze sont assemblés dans l'abbaye, où nous voyons Raymond Ignace de Serein, avocat, à Auch, procureur fondé de M. Etienne Dubourg, abbé de Gimont, Dom Jean Daries, prieur claustral du monastère, autorisé par l'abbé de Morimont.

Pour couper court à toute discussion, les moines renoncent en faveur de l'archevêque d'Auch et de ses successeurs à la jouissance de la chapelle de Cahuzac. Mgr de Suze pourra y nommer tels prêtres qu'il jugera à propos aux conditions suivantes : 1° L'abbé et les religieux auront le droit, quand ils voudront, d'aller en procession à la chapelle de Cahuzac, pour y faire les offices, les jours de la Visitation, de Notre-Dame et le lendemain de la fête de Pentecôte de chaque année. Les chapelains sont tenus d'aller les recevoir, en procession, à l'oratoire placé entre Notre-Dame de Cahuzac et

(1) Bibliothèque municipale d'Auch. *Glanages*, de Daignan du Sendat, t. LXXIII, folio 1039.

Gimont (Saint-Sauveur). — 2° Il sera établi, dans un endroit convenable de la chapelle, un banc pour l'abbé et les religieux, lorsqu'ils viendront dans la chapelle pour le sermon ou les offices. — 3" Chaque année, à la Toussaint, il sera payé, par les chapelains, une somme de trois livres à l'abbé de Gimont et deux livres de cire aux religieux,

De son côté, l'archevêque demande à M. Duclos, chapelain de Cahuzac, chargé de l'administration des sacrements dans le parsan de Cahuzac, de renoncer à son titre sur ce point, et il unit ce territoire sur lequel est bâtie la chapelle miraculeuse, à la cure de Marrox, dont le pasteur sera *chapelain honoraire* de Cahuzac, sans qu'il puisse avoir part *aux droits utiles* ni faire aucune fonction curiale dans la chapelle du pèlerinage. Son traitement sera fourni par les moines et l'archevêque. Les premiers auront droit de présentation à la cure de Cahuzac et le second conférera le titre au sujet désigné.

Aussitôt, M. Jean Cailla, curé de Marrox, fut installé dans sa nouvelle charge. Il consentait à avoir *Saint-Sauveur* pour annexe et succursale de sa paroisse.

Le calme allait, enfin, renaître dans le sanctuaire de Cahuzac, qui avait trouvé son historien dans le chapelain nommé comme acteur dans la transaction de 1696. Son opuscule, composé surtout de réflexions morales et mystiques, n'est pas d'un grand secours pour l'annaliste et le fidèle qui recherchent le passé du pèlerinage. Toutes ses informations se réduisent à trois ou quatre pages où les faits seraient aisément condensés. On demeure étonné en voyant que l'écrivain n'a pas puisé aux sources officielles de l'abbaye ou de l'archevêché d'Auch et qu'il s'est borné à une étude incomplète, à des formules de prière.

Nous lui savons gré, cependant, de nous avoir fourni quelques indications utiles. En admettant, comme nous l'avons fait, la légende de l'apparition de la statue miraculeuse sur l'ormeau, en 1513, peut-on croire avec l'auteur du *Tableau de la chapelle miraculeuse de Cahuzac* qu'il s'écoula un long intervalle entre les trois apparitions consécutives de la *Vierge de l'Orme ?* Jean Duclos tend à le faire conclure, lorsqu'il écrit au *chapitre premier* de son opuscule : « Le second retour de cette figure (image de la Vierge) sur l'ormeau fut un miracle si éclatant dans tout le royaume, qu'on y voyait le peuple accourir en foule, que les dons et les offrandes de dix-sept années fournirent assez d'argent. . pour bâtir... une chapelle des plus belles et des plus célèbres qui soient en France. » Preuves en mains, nous avons montré, ailleurs, que la chapelle déjà célèbre de Cahuzac fut simplement rebâtie en 1513.

Les documents de cette époque ne signalent point, il est vrai, le miracle de l'*Ormeau*. Mais la foule admettait la légende de la triple apparition de la statuette de *Notre-Dame de Pitié*, que Jean Duclos rappelle dans son travail, en affirmant que « la sainte et miraculeuse chapelle de Cahuzac est vulgairement nommée *Notre-Dame de l'Orme.* » (*Tableau*, ch. I.)

Dans sa naïve et pieuse confiance, le peuple demandait le soulagement de ses maux à *Notre-Dame de l'Orme*, en trempant dans l'eau destinée à ses malades « un peu d'ormeau qui avait été consacré par l'attouchement de la statue miraculeuse de la Vierge. » (*Tableau*, ch. VIII.)

Notre-Dame de Cahuzac accomplissait des prodiges, raconte Jean Duclos, surtout, dans son sanctuaire miraculeux. Elle était la terreur de l'enfer et de l'hérésie. Par son action, les démons « étaient contraints de sortir des corps qu'ils possédaient. » (*Tableau*, ch. III.) La Vierge était aussi puissante pour guérir les âmes que pour sauver les corps. « Combien de dévots pèlerins, dit Duclos, n'ont-ils pas été délivrés, les uns de la fièvre de l'avarice, les autres de la peste de l'envie ? » (Ch. III.) « On a vu à Cahuzac un nombre infini de grands pécheurs se relever, après leur pèlerinage, de leurs crimes. » (Ch. III.) Aussi, les peuples accouraient de toutes parts dans ce saint asile. Et ils s'y rendaient avec tant de foi « qu'on y voyait, en divers temps de l'année, trois ou quatre mille étrangers à la fois, y passer les nuits en veilles et oraisons. » (*Tableau*, ch. IV.)

Les grâces que Dieu répandait sur ce sanctuaire en accrurent, sans cesse, la renommée. « La multitude presque infinie de pèlerins qu'on y voyait continuellement, raconte Jean Duclos (ch. II), faisait croire qu'une chapelle qui attirait tant de monde, devait avoir quelque chose de divin. On y portait de loin des lampes d'argent, des cœurs, des médailles, des calices, des ornements et autres choses précieuses. »

« Mgr de Lussan (1), évêque de Pamiers, touché

(1) Ce prélat, issu d'une branche de la famille d'Esparbès de Lussan, était frère consanguin de François d'Esparbès, marquis d'Aubeterre Son père, Joseph d'Esparbès de Lussan, marié à Jeanne du Bois, fut capitaine des gardes de Henri III.

des merveilles de la sainte chapelle, fit un don très
considérable de six chandeliers d'argent, qui
servent encore, aujourd'hui, à l'autel. » (*Tableau*,
ch. II.) Pourquoi n'est-il pas question dans les
pages de l'abbé Duclos d'une constitution de rente
faite entre ses mains, en faveur de Notre-Dame de
Cahuzac? M. Dubord la signale dans une note
qu'on veut bien nous communiquer.

« *Legs de Philippe de Polastron*, seigneur de ce
« lieu et d'Aubiet. — Par son testament du 4 juil-
« let (à Notre-Dame de Cahuzac), retenu par
« Gailhan, notaire d'Aubiet, Philippe de Polastron
« lègue à la chapelle la somme de 500 livres avec
« charge de vingt-quatre messes à dire annuelle-
« ment par les chapelains.

« Marie de Jourdain, sa femme, à son tour,
« légua à la chapelle une somme de mille cinq
« cents livres, faisant avec les cinq cents livres
« déjà données par son mari la somme totale de
« deux mille livres. Cette somme déposée entre les
« mains de Dutrey, curé d'Aubiet, fut par lui
« versée, en 1674, entre les mains de l'abbé Duclos.
« Celui-ci fournit quittance par acte retenu par
« Me Dupuy, notaire d'Auch. Cette somme fut
« placée en rente constituée sur le Clergé de
« France. »

Dans son enthousiasme, Jean Duclos déclare, au
chapitre VIII du *Tableau de la miraculeuse chapelle de Cahuzac*, que ce sanctuaire « mérite d'être
visité de tout le monde, non seulement à cause de
la beauté et magnificence de son édifice, mais
encore à cause des grandes merveilles qui s'y
opèrent et qui la rendent tous les jours plus éclatante. » Il est admiré, dit-il, par les étrangers

qui bénissent le pouvoir de la Mère de Dieu.
« Entre toutes les chapelles de la Vierge, on n'en
« pourrait trouver de plus dévote et de plus
« féconde en miracles. Elle a de si grands attraits,
« que l'on y voyait arriver, presque tous les
« dimanches, depuis la Pentecôte jusqu'à la fin du
« mois de septembre, les quatre, les cinq proces-
« sions, en un même jour, dans un ordre admi-
« rable, chantant les litanies de la Sainte Vierge
« et des hymnes, avec un zèle et une modestie
« angéliques (1).

« Dans ce lieu de dévotion les paralytiques,
« après avoir été abandonnés des médecins, y ont
« été soudainement guéris par l'intercession de la
« bienheureuse Vierge ; les boiteux y laissent
« leurs potences, les sourds y recouvrent l'ouïe,
« les muets la parole, les aveugles la vue. Les
« autres malades s'y trouvent soulagés, et princi-
« palement ceux qui sont tourmentés de la fièvre :
« on leur donne un peu d'ormeau qui a été consa-
« cré par l'attouchement de la statue miraculeuse
« de la Vierge ; ils le trempent dans l'eau qu'ils
« boivent durant l'ardeur de la fièvre. » (*Tableau*,
ch. VIII.)

Rien n'était oublié, dans la sainte chapelle,
pour y nourrir le cœur et l'esprit des pèlerins.
« Les orgues et la musique qu'on y entendait régu-

(1) Parfois, les processions venaient de très loin. Les
jurades inscrivaient les frais de ces pieux pèlerinages
dans le budget municipal. Faut-il citer, pour le prouver, un extrait de délibération de la jurade de Fré-
gouville, le 30 janvier 1722 ? — « Imposé en la présente
« année pour les frais de la procession que la commu-
« nauté fait annuellement en l'église Nostre-Dame de
« Cahuzac, à Gimont, la somme de quinze livres. »

« lièrement, chaque jour, à la grand'messe et à
« l'examen du soir, les réjouissaient et adoucis-
« saient leurs peines, leurs larmes et leurs sou-
« pirs. » (Ch. VIII.)

La parole et l'exemple des chapelains contri-
buaient puissamment à ramener à Dieu les âmes des
pécheurs. « Ces prêtres, raconte Jean Duclos (ch. V),
« vivaient en commun et dans une sainte société,
« disposaient par leur ministère les pèlerins à
« purifier leurs âmes et à recevoir les vérités évan-
« géliques Eux-mêmes y travaillaient avec soin à
« leur propre perfection. Ils s'occupaient selon
« leur état et selon leurs statuts à l'administration
« du sacrement de pénitence, à la lecture de la
« sainte Écriture et des bons livres. Ils faisaient
« leur méditation tous les matins, un examen par-
« ticulier d'un quart d'heure (1) avant le repas,
« la lecture à table et, toutes les années, les
« exercices spirituels, pendant huit jours. On
« s'estimait heureux d'être associé avec ces
« prêtres qui ne manquaient pas de se conduire
« d'une manière sainte, en s'éloignant de toutes
« les occasions du péché, ne se contentant pas
« d'observer avec exactitude les commandements
« de Dieu, mais encore tâchant de pratiquer les
« conseils évangéliques, pour obliger leurs péni-
« tents par leur exemple d'en user de même, etc. »

L'union avec les chapelains, notée par Jean
Duclos, dans les lignes précédentes, avait son lien
dans la pieuse *Confrérie de Notre-Dame de Pitié*,
établie dans la chapelle miraculeuse, en 1585.

(1) Il y a ici une légère erreur. Cet exercice devait
durer une demi-heure d'après le règlement cité plus
haut.

Vers le milieu du xviiie siècle, les chapelains de Cahuzac, héritiers des vertus de leurs devanciers, voulurent faire refleurir la pieuse association de *Notre-Dame de Pitié*. Ils en demandèrent donc la confirmation à Mgr de Polignac, cardinal archevêque d'Auch, en 1740, après avoir soumis au prélat le texte des statuts extrait par leurs soins « des registres de la sainte chapelle de Notre-Dame de Cahuzac, sans y avoir rien ajouté. »

Le pèlerinage avait, alors, pour chapelains : MM. Belin, prêtre, doyen, Caperan, prêtre, Lanalongue, prêtre. MM. Daspe, Daignan du Sendat et Simon, vicaires généraux de l'archevêque d'Auch. appuyèrent, le 7 septembre 1740, la requête des chapelains, datée de la veille, et qui fut approuvée par Mgr de Polignac, à Paris, le 2 novembre 1740.

CHAPITRE XI

Grâce aux pieux efforts des chapelains secondés
par leurs supérieurs ecclésiastiques, *Notre-Dame de
Cahuzac* continua de répandre ses faveurs sur les
multitudes de pèlerins qui accouraient, d'après la
tradition locale, aux pieds de la Vierge miraculeuse. Volontiers, on pouvait répéter les paroles de
Jean Duclos qui compare, le sanctuaire de Cahuzac au Paradis terrestre, dans le dernier chapitre
de la première partie du *Tableau*. « La Providence,
dit-il, veut, aujourd'hui, que la sainteté de la chapelle de Cahuzac soit aux pécheurs, ce que l'arbre
de vie aurait été à l'homme dans le Paradis terrestre. » Il y découvre un germe de vie qui pré-
serve l'âme de la mort du péché, un remède à ses
langueurs, une semence de résurrection et la
source d'une vie toute divine.

Ces merveilleux effets se faisaient visiblement
sentir sur les foules attirées à Cahuzac, vers la fin
du XVIIIe siècle, lorsque la Révolution vint fermer
les portes du sanctuaire et opposer une barrière
sacrilège à l'élan des fidèles avides des faveurs de

la Mère de Dieu. Le concours des pèlerins était encore si grand, à cette époque, qu'il fallait, en certaines circonstances, recourir au ministère des prêtres du pays pour la confession des étrangers.

Parlant de la Vierge Marie, patronne des Auscitains, de la cathédrale d'Auch et des quatre autres sanctuaires consacrés à la Vierge, dans notre diocèse, le P. Mongaillard (1) montre l'hérésie vaincue par ces monuments sacrés, contre lesquels vint échouer sa rage. Ce que le calvinisme ne put exécuter, la Révolution l'accomplit, en partie, mais non complètement. *Notre-Dame de Pibèque*, au nord du diocèse, *Notre-Dame d'Aignan*, à l'ouest, tombèrent sous le marteau des vandales. Mais *Notre-Dame d'Auch*, *Notre-Dame de Garaison* et Notre-Dame de Cahuzac, un instant profanées, restèrent debout, par une faveur spéciale de la Reine du Ciel

Nous allons rappeler les épreuves de la chapelle de Cahuzac. On trouvera, ailleurs, le récit de celles de *Garaison* (2) et de *Sainte-Marie d'Auch* (3).

La Nation s'étant emparée des biens ecclésiastiques promit de servir aux membres du clergé dépossédés un traitement proportionnel à leurs revenus, une indemnité. Par ses ordres, on dut dresser, partout, l'inventaire de ce qui leur appartenait. Or, les délégués de la municipalité de Gimont parurent le 21 mai 1790, au couvent des Capucins, pour se rendre, le 24 du même mois, à

(1) *Descriptio Vasconiæ*, folio 750°, chap. XIII. (V. p. 2.)
(2) *Berceau des Pères de Lourdes*, pp. 68 et suiv., chez Palmé, à Paris.
(3) *Notre-Dame d'Auch*. (Seconde partie encore manuscrite). Elle fait suite à notre étude publiée par la *Semaine d'Auch*.

l'abbaye de Cahuzac. Conformément aux décrets de l'Assemblée nationale et aux arrêtés du département, ils firent la nomenclature des meubles et des objets trouvés dans ces maisons religieuses.

Après les couvents, venait la chapelle de Notre-Dame de Cahuzac. On vit hésiter les émissaires de la République. L'attachement des foules pour la Vierge était tel, que les commissaires n'osèrent pas, tout d'abord, se risquer à entreprendre le recensement des biens du pèlerinage.

Des ordres plus pressants forcèrent, enfin, les agents révolutionnaires à consommer leur entreprise criminelle. Nous les trouvons occupés à leur hideuse besogne, le 14 octobre 1790.

Trois chapelains occupaient, encore, à cette époque, les bâtiments de la sainte chapelle. C'étaient : MM. Paulin-Pascal Darris, natif de la paroisse de Préchac, annexe de Boulaur, diocèse d'Auch, âgé de cinquante-sept ans, chapelain et syndic de Notre-Dame de Cahuzac, le sieur Augustin Lassalle, natif de la paroisse de Castelnau-Barbarens et le vieux Jean Verdier, natif de Générès, près de Saint-Bertrand, diocèse de Cominges. Quand on les mit en demeure d'abandonner les biens du pèlerinage (1), les chapelains déclarèrent consentir à cette cession forcée « dès qu'on leur assurerait un traitement honnête pour pouvoir subsister et n'être à charge à personne. »

Il y a beaucoup de fondations de messes dans la chapelle de Cahuzac, dirent les gardiens, chargés aussi du service de la paroisse de Saint-Sauveur, qu'ils faisaient à tour de rôle. Paulin-Pascal Darris,

____

(1) *Archives du Gers*, Série L, 416.

syndic de la communauté, déclara qu'aux termes
des statuts de la chapelle, « il était nourri et entre-
tenu, tant en santé qu'en maladie, logé, chauffé.
éclairé, blanchi aux dépens du revenu de la chapelle
et qu'il recevait 100 francs pour lui tenir lieu
d'honoraire pour son vestiaire ». De plus, il avait à
Camalès, annexe de Pujo, au diocèse de Tarbes, un
bénéfice simple à titre de prébende ou chapellenie
de patronage laïque, d'un revenu de 80 livres (1).

Du reste, voici le tableau présenté par les chapelains : il contient les *revenus* et les *charges* du
pèlerinage de Cahuzac.

REVENUS :

Métairie d'*Empetre*, près de la chapelle ; métairie
d'*Embroc*, paroisse Saint-Jean, près de Gimont ;
chaque métairie exige deux paires de bœufs de
labourage. Le revenu est de.   1,000 livres.

Fonds à la main des chapelains, enclos, etc., d'un
revenu de.............   300 l.

Moulin à vent situé au haut
de la ville de Gimont, jardin, maison...........   100 l.

Forge avec jardin, etc......   74 l.

Auberge affermée sous condition que les chapelains res-
teront propriétaires (2)...   200 l.

Petit lopin de terre........   6 l.

Contrats sur une vingtaine
de particuliers..........   225 l. 11 s. 8 d.

TOTAL des revenus....   1,905 l. 11 s. 8 d.

(1) *Archives du Gers*, Série L, 416. On trouve dans ce
dossier le mémoire adressé par les chapelains au Département, des cahiers de rente de la chapelle de Cahuzac. etc., un cahier de la recette de 1790.

(2) L'auberge de Cahuzac n'était pas toujours affermée.
Archives du Gers, Série L, 416.

CHARGES :

Rente à l'hôpital de Gimont.	30 l.
Rente à l'église paroissiale de Gimont................	10 l.
Rente aux pauvres de *Saint-Sauveur*...............	10 l.
Rente à ceux de Blanquefort, Saint-Pé, Travès.........	10 l.
Rente à l'abbaye de Gimont.	6 l.
Rente à l'organiste de la chapelle	30 l.
Rente au chirurgien........	20 l.
Impositions royales, sans y comprendre dans le temps présent ni le vingtième, ni la capitation, ni le don patriotique, environ........	300 l.
TOTAL........	416 l. 16 s.

Trois cent vingt messes basses et cinquante-neuf solennelles à acquitter chaque année dans la chapelle et dont le fonds a été perçu et employé pour la maison.

Deux stations à remplir annuellement dans deux paroisses, une dans l'église de Blanquefort, de trois sermons, l'autre dans l'église de Préchac, de trois sermons aussi.

TOTAL des revenus....	1,905 l. 11 s. 8 d.
TOTAL des charges	416 l. 16 s.
RESTE.........	1,488 l. 15 s. 8 d.(1)

(1) Il n'est pas question, dans ce Tableau de la fondation faite par noble de Polastron et sa femme, en 1674. (Voir plus haut, p. 117.)

Le mobilier de la chapelle et de la maison peut être évalué à 2,000 livres.

« On faisait, autrefois, des quêtes pour la chapelle, ajoute le *mémoire* adressé au Département. On n'en fait plus que dans la chapelle, les jours de concours. Elles ne suffisent pas pour entretenir la lampe ardente devant le Saint-Sacrement et pour les réparations de la chapelle. »

Se basant sur ces données, le Directoire évalua le revenu des chapelains d'après les recettes des quatorze dernières années et l'on prit la moyenne de dix ans, en défalquant les deux meilleures et les deux plus mauvaises. Par arrêté du 9 novembre 1791 et 6 janvier 1792, le traitement des trois chapelains fut fixé de la manière suivante :

MM. Darris (Paulin-Pascal)....   652 l. 3 s. 10 d.
    Verdier (Jean) ....   652 l. 3 s. 10 d.
    Lassalle (Augustin)......   652 l. 3 s. 10 d.

Après liquidation de leur pension, dont le paiement fut de courte durée, les trois chapelains vécurent quelque temps encore à Cahuzac où ils avaient la garde des meubles du pèlerinage inventoriés et estimés à 719 livres 18 sols par Rouhet, délégué de la commune de Gimont. Ces détails sont fournis par l'acte de *Récolement*, fait le 3 mai 1792. Il atteste l'intégrité du dépôt confié aux chapelains, pendant une période de deux ans.

Il est surtout fait mention, dans le procès-verbal, des objets d'argenterie destinés à l'*hôtel de la monnaie de Pau*, pour les besoins de la République. On remarque dans la liste : « une lampe, un crucifix, une petite image de la Vierge, deux burettes avec plat et clochette, un encensoir avec navette, quatre chandeliers (1), six calices, cinq patènes, un soleil, un ciboire, huit cœurs, une croix de Malte, et une chapelle en argent. »

Provisoirement, tout fut transféré à la *chambre forte* de l'église paroissiale de Gimont, pour passer ensuite, à Auch, par décision du conseil général, datée du 4 frimaire an II (2).

La Révolution n'avait pas plus épargné les terres et autres immeubles de la chapelle que le trésor du sanctuaire. Gimont et les pays voisins firent vainement entendre leurs plus vives protestations, sur ce point. Il fallut obéir aux tyranniques exigences de la Convention. Signalons, cependant, avec feu M. Dubord, curé d'Aubiet, la fière attitude de la *Société des amis de la Constitution* qui. le 12 mai 1791, s'était courageusement présentée devant l'assemblée municipale de Gimont pour formuler une énergique réclamation en faveur de la chapelle de Cahuzac, dont un placard public annonçait la vente pour les premiers jours du mois de mai 1791.

En termes éloquents, le chef de la *Société* rappela les prodiges accomplis par la Vierge miraculeuse, le vœu fait, en 1631, par la ville de Gimont, délivrée de la peste : « Messieurs, s'écria-t-il, cette chapelle ne doit finir qu'avec le monde. L'histoire nous prouve qu'elle est chère à la Vierge que nous honorons et que c'est, particulièrement, dans ces lieux qu'elle se plaît à exaucer nos vœux et nos prières. »

Puis, il parla de l'avenir prochain où le quartier

(1) C'étaient, sans doute, les chandeliers offerts à Cahuzac, par Mgr de Lussan, évêque de Pamiers.
(2) *Revue de Gascogne*, tome xvi, p. 404.

de *Saint-Saureur* serait réuni à Gimont. Alors, disait-il, Notre-Dame de Cahuzac deviendra église succursale de la paroisse de cette ville. D'ailleurs, quel avantage pourrait présenter l'aliénation de cet immeuble, bon tout au plus pour matériaux de construction? « Sous peu, nous allons avoir plus de matériaux qu'il n'en faudrait pour rebâtir Gimont, » dit l'orateur qui entrevoit la disparition des couvents et de l'abbaye cistercienne de Cahuzac (1). Il termine, enfin, en suppliant la municipalité de réclamer du *Département* la conservation de la chapelle de Cahuzac.

(1) On comptait, dans la juridiction de Gimont, plusieurs maisons religieuses : 1° La première, la plus importante, était l'*Abbaye de Notre-Dame de Gimont*. Nous l'avons fait connaître, ailleurs. C'est à tort que Hugues de Tems (t. i, p. 432) écrit, dans le *Clergé de France*, que ce monastère « est situé dans la petite « ville de son nom (Gimont). » Tout le monde sait que le célèbre couvent était bâti à deux kilomètres de Gimont, sur la rive gauche de la Gimone, où l'on voit encore son magnifique enclos muré et de très belles ruines.

2° *Collège des Doctrinaires*. — Par lettres patentes de 1545, François Ier fonda cette maison « pour faire « instruire la jeunesse aux arts et grammaire. » Charles IX pressa l'exécution de ce projet par lettres de 1567 et la maison fut confiée au clergé séculier que les consuls de Gimont déclarèrent, un jour, « nullement propre à élever la jeunesse. » D'accord avec l'évêque de Lombez, la communauté de Gimont appela les *Pères de la Doctrine chrétienne* à la direction du collège, par acte du 23 août 1621. L'approbation de cet accord par l'autorité ecclésiastique, porte la date du mois de mai 1622.

Le séminaire diocésain de Lombez fut, provisoirement, établi dans le collège de Gimont par Mgr Fagon, évêque de Lombez (1711 à 1719). Un de ses successeurs, Mgr de Cérisy, l'y fixa définitivement, au mois de juin 1735. Il paraît que l'état financier de la maison n'était pas brillant, vers le temps de la Révolution. Le collège n'avait que 5,000 livres de revenu, en 1788. Il

Son avis était partagé par le conseil général de la commune tout entier. On le voit bien dans la réponse faite au discours qu'on vient d'entendre. Il y est dit, en effet, « que les citoyens de Gimont et les habitants des paroisses environnantes verraient

fut question, à cette époque, de rappeler les Doctrinaires, à Toulouse. Plût à Dieu qu'il en eût été ainsi ; ces Religieux n'auraient pas donné le scandale du serment de fidélité à la constitution civile du clergé.

3° L'établissement des Pères Capucins, dans la paroisse de Gimont, remonte au 29 août 1602, époque où les consuls appelèrent ces Religieux dans leur ville, peuplée de 5,000 habitants environ, afin de donner aide et secours au clergé séculier surchargé de travail. Quand il fut question, en 1769, de supprimer plusieurs maisons religieuses dans le diocèse de Lombez, les consuls de Gimont s'alarmèrent sur le sort des Capucins de leur ville, dont ils admiraient le zèle, la piété, « l'éru- « dition dans les divers emplois que l'évêque leur « avait confiés. » Par délibération du 29 octobre 1769, ils réclamèrent la conservation de leur couvent, que la Révolution devait fermer.

4° *Ursulines de Gimont.* — Mademoiselle Catherine de Pins-Monbrun eut la pensée d'appeler, dans la ville de Gimont, les Religieuses Ursulines, parmi lesquelles elle comptait une sœur nommée Isabeau. Celle-ci appartenait au couvent de Toulouse, qui envoya une petite colonie de Sœurs à Gimont, sous la conduite de Mère Marguerite de Noilhan, dite de Sainte-Scholastique, élue prieure par ses compagnes du monastère de Toulouse. Parmi les Religieuses qui arrivèrent à Gimont, le 9 novembre 1630, se trouvait Isabeau de Pins-Monbrun, sœur de la fondatrice, dont les parents ne respectèrent pas les intentions, à son décès. Un arrêt du parlement de Toulouse leur donna gain de cause, le 4 juillet 1650.

Ce fut la ruine de la maison naissante, qui mit sa confiance en Dieu et réussit, par la vertu de ses Religieuses à devenir un établissement aussi prospère qu'édifiant. Vainement la Révolution essaya-t-elle de leur ravir leur foi. Elles furent inébranlables. Toutes refusèrent de prêter le serment de fidélité à la constitution schismatique qui leur était proposée Le couvent comptait encore quatorze religieuses de chœur et cinq sœurs converses, au moment de la tourmente révolutionnaire.

avec le plus grand mal au cœur la destruction de la chapelle de Cahuzac. Cette chapelle est en très grande vénération dans toute la contrée par les miracles qui s'y sont opérés. »

Toutefois, il fut décidé que la nouvelle démarche — il y en avait eu plusieurs autres — auprès du *Département*, serait ajournée au dimanche 15 mai 1791.

Ce jour-là, on résolut, à l'unanimité, qu'on demanderait au Département de renoncer au projet de vente de *Notre-Dame de Cahuzac*. Par une faveur du ciel, la requête fut favorablement accueillie, pour quelque temps, du moins. On se borna à aliéner les domaines dépendants de la chapelle, qui furent adjugés à Lartet, de Saint-Guiraud, pour la somme de 36,000 livres, payée en assignats, comme tous les achats de cette époque.

En dignes gardiens du sanctuaire de Cahuzac, les chapelains menacés d'une prochaine expulsion, refusèrent énergiquement de prêter le serment de fidélité à la Constitution, protestant qu'ils étaient toujours les fils soumis de leur archevêque légitime. Tous les jours, mais surtout le dimanche, les paroissiens de Cahuzac, les pèlerins, recevaient de la main de ces prêtres fidèles, aux portes du sanctuaire, les lettres pontificales venues de Rome ou adressées à leur troupeau par Mgr de La Tour-du-Pin Montauban, archevêque d'Auch, exilé en Espagne (1).

Une si courageuse conduite ne pouvait manquer

____

(1) Les opuscules avaient pour titre : *Nouvelles lettres du Pape*, etc.. *Avis de Mgr La Tour-du-Pin Montauban aux catholiques de son diocèse.* (*Revue de Gascogne,* tome xv, p. 539.)

d'être dénoncée au Directoire du Département, qui ordonna une visite domiciliaire dont le résultat fut la découverte, dans la maison des chapelains, des brochures signalées au conseil général de la commune de Gimont, dans la séance du 30 avril 1792. Ordre fut donné d'informer contre les *délinquants*, et bientôt MM. Darris, Lassalle et Verdier furent contraints d'évacuer, en cédant à la force, leur résidence de Cahuzac. Ce ne fut qu'en se cachant ou en fuyant sur la terre étrangère, qu'ils purent échapper à la mort. Plût à Dieu qu'au retour, ils se fussent montrés plus dociles à Rome !

On a dit, mais à tort, jusque dans l'acte officiel par lequel Mgr Delamare, archevêque d'Auch, réunit Cahuzac à la mense archiépiscopale, que la chapelle miraculeuse fut vendue, en 1790. Cette assertion est erronée, à tous les points de vue. N'est-il pas vrai que la vente des biens ecclésiastiques ou de première origine commença en 1791, seulement ? De plus, les registres authentiques, officiels de l'*Administration centrale*, déposés aux archives départementales du Gers, témoignent du contraire. L'*Annuaire du Gers* de 1888, analysant (p. 346) l'acte de vente de Cahuzac, place, avec raison, cette aliénation au 5 messidor an IV.

Le 26 floréal de cette même année, Jeanne Labedan, domiciliée de Gimont, avait donné procuration, par acte notarié, à Guillaume Bonnemaison, de Lussan, pour se transporter à Gimont ou ailleurs, dans le but d'acheter l'église, la maison et le jardin de Cahuzac, devenus *propriété nationale*. En effet, l'acquisition eut lieu moyennant la somme de 6,045 francs, comme l'atteste le registre de l'*Admi-*

nistration centrale d'Auch (1), où l'on trouve divers détails intéressants relatifs à l'état du sanctuaire de Cahuzac, déjà fort délabré, à cette époque, pour avoir été livré au pillage, depuis plusieurs années. Les serrures des portes n'existaient plus, les clés avaient disparu, les vitraux étaient brisés !... Une main pieuse avait soustrait à la profanation, en les faisant descendre, quelques verrières, attribuées à Arnaud de Moles. « Plusieurs panneaux (du vitrage), dit le procès-verbal d'estimation (*Archives du Gers*, Q. 191), ont été enlevés et quelques châssis. » Ils furent rétablis à leur place au XIX⁰ siècle ; mais *l'ensemble des viteriers* des ouvertures de la chapelle « garnies de châssis de fil de fer fort mauvais avec petits carreaux losangés de verre à losange, furent évalués à la somme de 46 francs ! »

On porta la valeur des murs de la chapelle « bâtie sur un terrain humide » à 2,163 livres. Il y avait 309 toises carrées à 7 livres la toise. Les 120 toises carrées de brique de la voûte furent estimées 300 livres. On évalua à 240 livres les carreaux de la chapelle et à 200 livres la pierre de l'escalier du clocher. Rien ne fut oublié dans l'inventaire dressé par les agents. La valeur des portes de la chapelle est portée à 20 livres, celle de la toiture et du porche à 640 livres. Le bois du montant des cloches, de la flèche, est estimé au prix de 94 livres et le procès-verbal évalue à 1,280 livres les 64 quintaux de plomb qui formaient le revêtement du clocher.

En somme, la chapelle représentait, au dire des experts, une valeur de 5,129 livres et les bâtiments

(1) *Archives départementales du Gers*, Série Q. 208, nᵒ 173.

adjacents valaient 2,196 livres. De fait, la vente eut lieu pour la somme totale de 6,045 livres.

« Le prix d'achat, dit l'*Annuaire du Gers* de 1888, fut payé au moyen d'une cotisation volontaire recueillie secrètement dans la contrée. » Cette information, empruntée à la *Revue de Gascogne* (tome XV, p. 536), est d'une parfaite exactitude.

Ainsi, fut providentiellement sauvé d'une ruine certaine le célèbre sanctuaire de Cahuzac, témoin de mille prodiges éclatants, qui en avaient porté la renommée dans les pays les plus lointains.

Mais que devint sa statue miraculeuse ? On sait, par les délibérations municipales de Gimont, que, le 10 frimaire de l'an II (30 novembre 1793), des énergumènes brûlèrent, sur la place des Capucins de cette ville, les images saintes, les ornements sacrés, etc., enlevés aux églises du pays La rage des vandales s'est-elle aussi exercée sur la statue de *Notre-Dame de Cahuzac?*

« Il est certain, a écrit le R. P. Dupuy, supérieur des missionnaires d'Auch (13 novembre 1901), il est certain qu'une statue semblable à celle qui se trouvait dans la chapelle (de Cahuzac) fut la proie des flammes », en cette circonstance.

« Lorsque les catholiques reprirent possession de la chapelle de Cahuzac, plusieurs personnes racontèrent que Sœur Catherine, âgée de soixante-neuf ans, ancienne prieure du couvent des Ursulines de Gimont, dans le monde Mademoiselle Sabine des Innocents, de la famille seigneuriale de Maurens, ayant su l'attentat qui se préparait, enleva de Cahuzac la statue miraculeuse et y substitua un fac-simile qui fut brûlé sur la place des Capucins. M. l'abbé Lacoste, curé de Gimont, en 1821, reprenant possession de la chapelle, alla processionnellement chercher, dans la maison où était morte Mademoiselle des Innocents, la statue que l'on vénère actuellement à Cahuzac. »

De ces versions, quelle est la vraie ? Le lecteur en jugera. Mais en admettant que la statue miraculeuse n'existe plus, Cahuzac n'en demeure pas moins le lieu que la Sainte Vierge a choisi pour en faire le théâtre des manifestations de sa puissance et de son amour, comme le prouvent les faveurs signalées obtenues par la piété des pèlerins, depuis la restauration du sanctuaire. Il nous plaît d'abriter notre pensée sous l'autorité d'un illustre cardinal, qui a été une des gloires de l'épiscopat français au XIXᵉ siècle.

Dans un discours prononcé à Chartres, à l'occasion du rétablissement de la statue de la Sainte Vierge dans la crypte de la cathédrale de Chartres, Mgr Pie s'exprime en ces termes : « La statue qu'on va y replacer, n'est plus la statue antique et miraculeuse qu'ont vénérée nos pères... Non ! mais en allant prendre la place de sa devancière, elle héritera de toute sa vertu (1). »

On rapporte que la statue de Notre-Dame de Cahuzac fut jetée dans les flammes de la place des Capucins par Messine, procureur de la commune, qui mourut fort tristement, plus tard, abandonné de son propre fils, qui, à son tour, se suicida.

Il ne reste plus, à la mairie de Gimont, que le préambule du procès-verbal des sacrilèges saturnales du 30 novembre 1793. Réunion à l'église paroissiale décorée du titre de *temple national*

(1) OEuvres pastorales de Mgr Pie (t. III, p. 28). — (Voir la *Semaine Religieuse d'Auch* de 1887, p. 349.)

dédié et consacré *à la sainte liberté et à la douce égalité,* puis, rendez-vous à la place des Capucins « pour y brûler, en sans-culottes et ennemis des superstitions, toutes les statues, portraits et figures de nos ci-devant saints et saintes, anges et madones qui étaient portés triomphalement et gaiement par tous les citoyens... » Le reste du procès-verbal a été détruit par quelque citoyen intéressé à cette suppression.

CHAPITRE XII

Sommaire : M. Verdier, l'un des anciens chapelains de Cahuzac, acquiert l'église de Cahuzac et la profane par des réunions d'*Illuminés*, dont il devient le chef. — Divers propriétaires de la sainte chapelle que M .Verdier consent, enfin, (26 août 1821) à abandonner à la commune de Gimont, afin qu'elle soit rendue à *sa destination originaire*. — La cession a lieu le 23 septembre 1821. — M. l'abbé de Cahuzac devient le premier chapelain du pèlerinage ressuscité. — Restauration du sanctuaire, agrandissement de ses dépendances. — Un décret du 16 février 1875 approuve la vente de *Notre-Dame de Cahuzac*. en faveur de la mense archiépiscopale — Sort de l'église de *Saint-Sauveur*. autrefois, siège de la paroisse de Cahuzac.

Souillée par la main de la Révolution, *Notre-Dame de Cahuzac* resta longtemps déserte. Si, parfois, elle reçut des visiteurs, ce fut pour être outragée par l'hérésie de la *petite Eglise*, dont M. Verdier, l'un des trois derniers chapelains de Cahuzac, eut le malheur d'être le pontife sacrilège pendant plusieurs années (1). Ce prêtre, infidèle à sa vocation, avait réussi à se faire céder la résidence des anciens gardiens de la chapelle miraculeuse, louée par le citoyen Loubon, pour la somme de 35 livres, depuis l'expulsion des légitimes pos-

(1) Marchant à la suite de l'évêque de Lombez, Mgr de Chauvigni de Blot, les trois derniers chapelains de Cahuzac, MM. Verdier, Lassalle et Darris, refusèrent obéissance au Pape, après le Concordat. Ils entraînèrent à leur suite les fidèles, qui fréquentaient la chapelle, et, notamment, Jeanne Labedan, propriétaire légale du sanctuaire.

sesseurs jusqu'à l'an IV, au moins, époque de la vente de cet immeuble *national* (1). S'il faut s'en rapporter à la parole du chef des *Illuminés* de Gimont, la chapelle et les bâtiments adjacents étaient devenus sa propriété : il voulait, de la sorte, les sauver de la destruction, disait-il.

Un événement survenu en 1821, semble prouver que l'assertion est vraie.

M. Jacques Pendaries, de Saint-Arailles (Gimont), propriétaire, demeurant à Gimont, légua, par testament mystique du 12 décembre 1816, une somme de 4,700 livres, en faveur de la chapelle de Cahuzac : elle était destinée à la réparation du sanctuaire, comme l'atteste cette clause : « Si la chapelle n'est pas rétablie dans les cinq ans de mon décès, le legs de 4,700 francs profitera au séminaire d'Auch. »

Or, Madame Papus, propriétaire de la chapelle miraculeuse et de ses dépendances, avait cédé ses droits sur Cahuzac à la ville de Gimont : on le voit dans les délibérations municipales de la commune. Une ordonnance royale du 13 juin 1821 autorisa Gimont à accepter, avec le legs de 4,700 fr., « la donation faite par la dame veuve Papus, suivant un acte notarié du 12 janvier 1821, de l'église de Cahuzac avec ses dépendances composées de maison, granges et un jardin, le tout estimé 20,000 francs (2). »

Jusque-là, tout allait à merveille. Mais M. Verdier, chef des *Illuminés* du pays, éleva des prétentions sur les immeubles, dont il revendiquait la possession en vertu « d'une police sous seing-privé

(1) Archives du Gers. *Administration centrale.*
(2) Délibérations municipales de Gimont.

du 24 mai 1815, dûment enregistrée, passée entre lui et feue Jeanne Labedan, qui en était propriétaire, depuis plus de vingt-cinq ans. »

Comment Jeanne Labedan s'était-elle décidée à aliéner ces immeubles en faveur de M. Verdier ? On l'ignore encore ; mais il est certain que cet acte paraissait annuler la disposition testamentaire du 14 juin 1807, en vertu de laquelle Jeanne Labedan « faisait don et legs » à M. Jacques Pendaries, de Saint-Arailles (Gimont), de la chapelle de Cahuzac et de ses dépendances (1), pour en faire et disposer à sa volonté. »

A son tour, M. Pendaries légua Cahuzac à Madame Elisabeth Pendaries, veuve Papus, sa sœur, suivant son testament mystique, daté du 12 décembre 1816 (2). La veuve Papus, mise en possession de la chapelle, le 4 janvier 1817 (?), en avait, enfin, disposé en faveur de la ville de Gimont, dans les conditions indiquées plus haut (3). Elle demandait, seulement, une place privilégiée dans la chapelle, pour elle et pour ses héritiers.

Tout bien pesé et bien considéré, peut-être, aurait-on pu contester la valeur du document jeté dans le débat par le schismatique Verdier ? M. le comte Guillaume-François-Marie de Montlezun aima mieux recourir aux voies de la conciliation. Il se rendit donc auprès de M. Verdier et, Dieu aidant, il fut assez heureux pour obtenir de lui, le 26 août 1821, un acte par lequel il faisait

(1) Etude de Mᵉ Bonnemaison, notaire à Aubiet.
(2) Etude de Mᵉ Bacon, notaire à Gimont. Testament déposé le 11 février 1818.
(3) Archives de l'archevêché d'Auch. Dossier *Cahuzac.*

abandon à la commune de Gimont de la chapelle de Cahuzac « pour laquelle il s'était toujours dévoué et qu'il avait même conservée, au péril de ses jours, en essuyant, d'ailleurs, toute espèce d'outrages et d'humiliations. »

« J'abandonne, ajoutait-il, en faveur de la commune de Gimont, et pour être rendue à sa destination originaire, tous les droits que peut me donner sur ladite chapelle l'acte sous seing-privé du 24 mai 1815, avec néanmoins réserve de la jouissance, ma vie durant, de la maison, grange, jardin et pâtures. »

Suivaient quelques autres *réserves*, sans importance. Le conseil municipal accueillit d'autant mieux le désir du donateur (?) de finir ses jours dans la maison de Cahuzac que, déjà, dans la séance du 19 janvier précédent, il lui avait offert cette jouissance, preuve des efforts déjà tentés par la commune pour décider l'ancien chapelain au sacrifice qu'il accomplissait, enfin !

Muni du titre signé par l'abbé Verdier et de l'Ordonnance royale, M. de Montlezun parut devant le conseil communal, le 23 septembre 1821 et lui demanda d'accepter la cession de la chapelle, ce qui fut voté à l'unanimité.

On procéda, immédiatement, aux réparations qui paraissaient les plus urgentes et toute communication fut interrompue entre la chapelle et la résidence, à cause de la cession de ce bâtiment, pour sa vie entière, au malheureux Verdier, qui persévéra dans le schisme, jusqu'au dernier moment.

Le 11 novembre, M. l'abbé Lacoste, curé de Gimont, délégué par M. Fenasse, vicaire général de l'archevêque d'Auch, visita Cahuzac, pour étudier le sanctuaire et indiquer les réparations qui s'imposaient pour rendre l'édifice à son ancienne destination, ce qui eut lieu, le 16 novembre, à neuf heures du matin.

Entouré de tout le clergé paroissial, de la municipalité, des religieuses de Saint-Vincent de Paul, d'un très grand nombre de fidèles, M. Lacoste partit de l'église de Gimont, précédé de cent cinquante jeunes filles vêtues de blanc pour se rendre à Notre-Dame de Cahuzac. Après la bénédiction intérieure et extérieure du monument, le zélé pasteur célébra la messe et prit possession de la chapelle miraculeuse. Le chant du *Te Deum* termina cette importante cérémonie dans l'église paroissiale de Gimont, ainsi que l'atteste le procès-verbal de cette solennité, signé par MM. Lacoste, curé, Dousset, vicaire, et adressé à M. Fenasse, vicaire général, Supérieur des Séminaires d'Auch.

Notre-Dame de Cahuzac avait repris possession de son asile vénéré, après un exil de plus de trente ans! Ce fut M. l'abbé de Cahuzac qui devint le premier chapelain légitime du sanctuaire, après la Révolution.

Ce prêtre, né à Cahuzac, en 1777, se destina d'abord au monde. En 1794, il terminait ses études à l'*Ecole centrale des travaux,* devenue, depuis, l'*Ecole polytechnique.* Il entra dans l'armée, en 1798, mais il lui sembla, bientôt, que la carrière diplomatique répondait mieux à ses goûts et à sa nature. Il fut secrétaire d'ambassade en Italie, sous les ordres du baron de Gérambo. C'est là, que Dieu l'attendait pour jeter dans son âme le germe de la vocation ecclésiastique. Témoin de l'enlèvement sacrilège de Pie VII par les agents de Napoléon,

Armand de Cahuzac sentit son cœur se révolter : son regard se porta vers le ciel.

Lorsque, de retour à Gimont, sa mère lui parla d'une alliance flatteuse pour lui et sa famille : « — Mon choix est fait », — dit-il finement, et il révéla son projet d'entrer dans le sacerdoce. Cédant, toutefois, au désir de Madame de Cahuzac, désolée de cette résolution, le jeune diplomate ajourna son pieux dessein, jusqu'après la mort de sa sainte mère.

Le retour des Bourbons, en 1815, décida M. de Cahuzac à reprendre du service dans l'armée avec la légion de patriotes qui prirent les armes pour repousser l'invasion étrangère. Revenu à Gimont, il eut la douleur de perdre sa mère, dont il avait respecté la volonté, en fils soumis et dévoué.

Plus que jamais, il sentit l'appel de Dieu, quand il se trouva libre. Fidèle à la voix qui parlait à son âme, il partit pour Rome, fit ses études de théologie et reçut la prêtrise dans la basilique de Saint-Jean de Latran, le 20 septembre 1817. Puis, il passa en Allemagne, dans le but de compléter ses connaissances philosophiques, en suivant les cours des grandes universités.

Esprit original, peu formé à la vie du ministère, il crut qu'il ferait mieux l'œuvre de Dieu en gardant toute sa liberté comme *prêtre habitué*. A son retour d'Allemagne, l'abbé de Cahuzac se fixa dans un de ses domaines, voisin de Gimont, qu'il désigna sous le nom de *Carignan*, en souvenir de son voyage en Italie.

Partout, on se faisait une joie d'appeler le saint abbé à évangéliser les populations du voisinage. M. de Cahuzac parut souvent sur la chaire de

Gimont, où il parlait longuement, en certains cas.

Lorsque la question de la chapelle de Cahuzac fut définitivement réglée, M. de Cahuzac quitta son domaine de Carignan pour devenir gardien du sanctuaire. Il s'y installa en qualité de missionnaire apostolique et y vécut en véritable anachorète. La foule parle encore de ses longues veilles devant le Saint-Sacrement, de ses mortifications et, surtout, de sa grande charité.

M. de Cahuzac avait la passion des pauvres : c'est ce qui explique ses grandes libéralités, ses largesses, surtout pour l'hospice de Gimont, auquel il laissa son domaine de Carignan.

S'adressant à quelques personnes de son entourage, le 25 août 1845, le chapelain volontaire de Cahuzac annonça qu'il mourrait dans dix ans, le jour de la fête de saint Louis. La prédiction s'accomplit à peu près à la lettre. On a dit, à tort, que ce fut, en effet, le 25 août 1855 que M. de Cahuzac rendit son âme à Dieu, dans un dernier voyage qu'il faisait à Toulouse. Ce fut le 27 août. L'archevêque de Toulouse, son vicaire général et d'autres amis du saint prêtre se disputèrent, aussitôt, les instruments de pénitence du vénéré défunt, dont le corps fut transporté à Gimont et inhumé dans l'église de *Saint-Sauveur*, à Cahuzac (1).

Grâce au zèle de M. de Cahuzac, les pèlerins de la contrée avaient repris le chemin de la chapelle miraculeuse. Toutefois, ce n'étaient plus les grands concours de visiteurs rappelés dans le *Tableau* de

____

(1) Ces courtes notes biographiques sont empruntées à une étude publiée dans la *Semaine Religieuse d'Auch.* (Années 1896 et 1897. Voir les nᵒˢ 7 à 16.) On lira ce travail de Mˡˡᵉ de Montlezun avec autant de fruit que d'intérêt.

M. Jean Duclos. On peut en juger, pour les premières années, par les registres du conseil de
fabrique, rétabli au moment de la restauration du
sanctuaire. En 1825, les chaises donnent 60 francs,
le tronc fournit 75 francs et les offrandes des
paroisses n'atteignent que le chiffre de 68 francs !...
C'est dans le but de pourvoir aux intérêts de
Notre-Dame de Cahuzac, que M. Fenasse et le préfet
du Gers avaient autorisé l'organisation de la
fabrique de la chapelle, dont le conseil se composa
des membres suivants : MM. Castaing, président,
de Montlezun, maire de Gimont, Dupré de Puget,
juge de paix, Molard et l'abbé de Cahuzac.

Malheureusement, cette fabrique se trouvait
illégalement constituée, car la chapelle n'avait pas
encore de titre officiel. Elle fut, cependant, maintenue, dans cet état, jusqu'en 1832. M. de Morlhon,
vicaire général de l'archevêque d'Auch, régularisa
cette situation (Lettre du 20 janvier 1826), et la
fabrique de Gimont reçut mission de se charger
des intérêts de Cahuzac, bien que l'ancien conseil
de la chapelle fonctionnât encore.

La fabrique primitive dut cesser ses opérations,
en 1832 ; car elle se trouvait inhabile à recevoir un
legs de 3,000 francs, fait à Cahuzac, par Mademoiselle de l'Etourneau, un don de 20,000 francs,
offert par la veuve de Papus et le legs de 4,700
francs de Jacques Pindarie, de Saint-Arailles.

Une note signée de tous les membres du conseil
de fabrique de Gimont, à cette époque, contient
cette mention : « Outre les dépenses (1) portées au

____

(1) Un enduit au lait de chaux avait été passé sur les
vieilles peintures murales (1823), la toiture était
réparée et le clocher avait reçu un revêtement de zinc.

registre de la fabrique de Cahuzac, il en a été fait d'autres, telles que : la couverture en zinc de la flèche du clocher, qui a coûté 1,700 francs, l'achat des chandeliers, croix, ornements, réparations aux vitraux, à la toiture, etc., etc., toutes payées par M. de Cahuzac, aumônier, et de ses propres deniers. Il n'a pas été fait d'inventaire des effets de ladite chapelle, attendu que les vases sacrés et presque tous les ornements sont la propriété de M. l'abbé de Cahuzac. »

Les premiers travaux de la chapelle furent terminés dans le courant de l'année 1826.

Deux ans avant la mort de M. l'abbé de Cahuzac, un généreux chrétien s'efforça de ranimer la foi des fidèles, d'exciter leur confiance en Marie, en publiant une partie de l'opuscule de Jean Duclos, qu'il fit précéder et suivre d'observations savantes et consciencieuses, qu'on peut lire dans le petit volume in-32 de 100 pages, imprimé en 1833 par Manavit, de Toulouse. C'était M. le comte de Mauléon, qu'on doit regarder comme un des restaurateurs de la sainte chapelle. Il prouvait, par son travail, la vérité de ce qu'il disait à la page 80 de son précieux opuscule : « *La confiance à la protection de la Sainte* « *Vierge honorée en ce saint lieu n'a point diminué* « *au sein des contrées voisines et elle se maintient par* « *les grâces qu'on y reçoit annuellement.* La piété des « fidèles y est entretenue par des guérisons miracu- « leuses... Il est certain, ajoutait-il, que depuis « l'ouverture de cette chapelle, en 1821, des gué- « risons miraculeuses s'y sont opérées... elles « entretenaient la confiance, l'antique renom du « sanctuaire. »

Le pieux écrit de M. de Mauléon prépara les voies

au vrai réveil de l'antique pèlerinage, qui s'accomplit le 25 mars 1859 (1). Il fut l'œuvre de Mgr de Salinis. Le souvenir des fêtes qui, à cette époque, attirèrent de longues phalanges de pèlerins à Cahuzac, est encore vivant dans toute la contrée. Le *Courrier du Gers* publia un compte-rendu de la cérémonie, dû à la plume de M. l'abbé Fauqué, alors professeur de rhétorique au Petit Séminaire d'Auch. Une foule immense, dit l'auteur de l'article, s'était réunie dans l'église paroissiale de Gimont, où Mgr de Salinis prononça une éloquente allocution. Puis, un imposant cortège se dirigea vers la chapelle de Cahuzac, précédée d'une estrade sur laquelle se dressait un autel pour la célébration de l'office de l'inauguration du sanctuaire.

C'est là, que l'archevêque, entouré d'un nombreux clergé et des autorités civiles, prend possession de la chapelle miraculeuse, qu'il confie ensuite aux soins des missionnaires diocésains (2). L'un d'eux, le P. Raboisson, parlant au nom de ses confrères, protesta devant l'innombrable auditoire qui remplissait l'avenue de la chapelle, qu'ils seraient, tous, fidèles à leur mission de gardiens du sanctuaire de Marie. Le vaillant missionnaire parla avec tant de véhémence, qu'il prit, en cette circons-

---

(1) Quelques mois plus tard (5 juillet 1859) le Souverain Pontife, Pie IX, daigna accorder de nombreuses et précieuses indulgences à la chapelle de *Notre-Dame de Cahuzac*. Nous donnons son *Bref*, vers la fin du volume, page 209.

(2) La maison des *Missionnaires de Notre-Dame d'Auch* fut fondée, en 1822, par trois anciens chapelains de *Notre-Dame de Garaison,* qui installèrent leur société naissante dans l'ancien couvent des Dominicains d'Auch, connu sous le nom de *Jacobins*. Les noms de ces trois confesseurs de la foi méritent d'être conservés : c'étaient les PP. BLAJAN, BOYER et MOTHE.

tance, le germe d'une fluxion de poitrine, qui lui donna la mort, dans la paroisse de Castelnau-Barbarens. Il l'évangélisait, en ce moment.

On pouvait d'autant plus compter sur le succès de l'entreprise, que M. l'abbé de Cahuzac avait assuré à la chapelle l'entretien d'un gardien, en léguant, à cet effet, une somme de 40,000 francs à la fabrique de l'église de Gimont. La fondation fut approuvée par décret impérial.

Mgr de Salinis avait eu la pensée d'ériger Cahuzac en chapelle vicariale, pour mieux pourvoir à l'entretien des prêtres chargés du service du pèlerinage. Malgré son grand crédit, ses efforts échouèrent devant la résistance du Gouvernement. Il dut se borner à accepter, pour Cahuzac, le titre de *Chapelle de secours*, consacré par décret du 30 novembre 1858 et confié à l'un des missionnaires diocésains qui, désormais, devenaient les gardiens attitrés de la sainte chapelle. Sous le pontificat de Mgr Delamare — de 1862 à 1870 — la restauration de la chapelle de Cahuzac reçut son complément, sous la direction de M. Canéto, vicaire général et de M. Gentil, architecte du Gers, chargé des plans et devis, ainsi que de la surveillance des travaux. M. Durand, peintre-décorateur, alors établi à Maubourguet (H.-P.), eut mission de rétablir les peintures primitives, voilées sous le badigeon de 1823.

C'est au zèle infatigable de M. l'abbé Barralitte, missionnaire diocésain, mort en 1870, à *Notre-Dame d'Eslaux* (1), que sont dues, en très grande partie, les ressources consacrées aux restaurations de

____

(1) Voir page 233.

Notre-Dame de Cahuzac. La place de ce vaillant apôtre ne serait-elle pas à côté de M. l'abbé de Cahuzac, dans la chapelle de *N.-D. de l'Orme*, plutôt que dans le cimetière de Saint-Mézard ?

Dans l'espoir d'assurer l'avenir de cette œuvre, Mgr Delamare, archevêque d'Auch (1861-1871), résolut d'acheter à la ville de Gimont les bâtiments voisins du sanctuaire, qui deviendraient la résidence définitive des chapelains. La vente eut lieu par acte du 12 décembre 1865. Elle fut approuvée par décret impérial, le 7 juillet 1866. « Les immeubles, dit l'acte d'achat, furent payés avec les offrandes et collectes recueillies dans ce but. »

L'acte final, qui faisait passer la résidence et les dépendances de la chapelle dans la *mense archiépiscopale d'Auch*, fut signé dans le presbytère de Gimont, le 25 juillet 1866. A raison des servitudes dont les objets vendus étaient grevés, le prix d'achat ne fut fixé, par les experts, qu'à la somme de 2,500 francs. Autrement, il eût atteint le chiffre de 8,300 francs environ. C'est, aussi, vers ce temps, que Mgr Delamare dota Notre-Dame de Cahuzac d'un beau pensionnat confié aux Sœurs des Ecoles chrétiennes de la Miséricorde. Il avait, dans ce dessein, acquis la maison et le jardin qui bornent, au levant, les dépendances de la chapelle. Par les soins du prélat, un hangar et une remise, établis entre la résidence et le couvent, devinrent le parloir de la maison et l'appartement réservé à l'archevêque d'Auch.

Préposés à la garde de *Notre-Dame de Cahuzac*, en qualité de chapelains — ce titre était donné à l'un des missionnaires, — les *Prêtres auxiliaires du diocèse d'Auch* s'appliquèrent, sans retard, à relever le prestige du sanctuaire et à lui conquérir de nouveaux titres de gloire. Ils travaillèrent à débarrasser la chapelle de tout voisinage, qui aurait pu gêner les développements de l'œuvre de renaissance qu'ils entreprenaient. C'est ainsi, que nous les voyons signer une série de contrats d'acquisition, qui leur assurent la propriété de divers immeubles, dans le quartier de *Saint-Sauveur* ou de Cahuzac.

MM. Fr. Ducuron, Jean Descat, Louis Chauvin, François Barrafitte, prêtres-chapelains de Notre-Dame de Cahuzac, tous membres de la société des *Prêtres* auxiliaires du diocèse d'Auch, achetèrent à Mademoiselle Adélaïde-Augustin Darré de Ladevèze, célibataire, demeurant à Gimont, une maison avec pâture d'une contenance de 79 ares 40 centiares, pour la somme de 8,000 francs.

Pierre-Laurent Gresse et sa femme Antoinette Dupoux vendirent, ensuite, à MM. François Barrafitte, chapelain, Germain Davezac et Lucien Mancin, missionnaires, une autre maison et une pièce de terre, moyennant la somme de 12,000 francs.

Plus tard, les acquéreurs de ces immeubles rétrocédèrent tous leurs droits à Mgr Delamare par actes publics des 10 et 30 décembre 1873. Un décret du 16 février 1875 approuva la vente consentie en faveur de la mense archiépiscopale.

On voyait encore, jusqu'à ces derniers temps, à l'est de la chapelle de Notre-Dame de Cahuzac, la petite église en terre du *Saint-Sauveur*, qui fut le siège de la paroisse de ce nom, d'abord annexée à Marrox, et puis, placée directement sous l'administration des chapelains de Cahuzac qui l'ont desservie jusqu'à la Révolution. M. de Cahuzac,

avons-nous dit, avait choisi sa sépulture dans cet
oratoire, où une pierre tombale en marbre, placée
dans la nef, rappelait son décès, à Toulouse, le
27 août 1855 (1). Il semblait aux missionnaires
d'Auch que cet édifice était l'annexe-née de la
chapelle de Cahuzac. Voilà pourquoi, de concert
avec l'archevêque d'Auch, ils travaillèrent avec
tant de constance à l'acquérir pour le relever de
ses ruines et en faire un sanctuaire dédié au *Sacré-
Cœur*.

Longues et laborieuses furent les négociations
entamées dans ce but. *Saint-Sauveur* et le terrain
qui l'entourait étaient une dépendance de la
paroisse de Gimont. Or, celle-ci était peu favorable
à l'idée d'une vente en faveur'du diocèse. L'accord
finit, cependant, par s'établir. M. Barthélemy-Fran-
çois-Auguste de Lavigne, médecin, agissant au nom
de la fabrique de Gimont, céda à Mgr de Langalerie,
archevêque d'Auch, « la petite église du *Saint-
Sauveur* et la petite parcelle de terrain qui l'entoure
(trois ares six centiares), moyennant cent francs. »
L'aliénation était autorisée par délibération de la
fabrique, du 16 novembre 1873. La vente eut lieu
pour la mense archiépiscopale, le 12 janvier 1874.
Un décret du 16 février 1875 approuva la transaction, passée dans le palais de l'archevêque
d'Auch.

Un concours de circonstances malheureuses ne
permirent pas de réaliser les projets formés au
sujet du relèvement de la chapelle du *Saint-Sauveur* dont la démolition s'imposa, plus tard, car

(1) Cette date ne concorde pas exactement avec celle
que la *Semaine Religieuse d'Auch* nous a déjà fournie,
25 *août*. D'où viendrait cet écart de deux jours ?

l'édifice menaçait ruine de toutes parts. Lorsque le moment fut venu, les restes vénérés de M. de Cahuzac furent transportés dans la chapelle occidentale de l'église de Notre-Dame, qui est contiguë au chevet. Nous ne voulons pas parler de la fête funèbre qui eut lieu à cette occasion, mais il nous paraît bon de rappeler l'état navrant de l'ancienne annexe de Marrox, au temps où sa démolition fut résolue. Nous empruntons ces notes à notre ouvrage manuscrit : *Visite archéologique des églises et monuments du diocèse d'Auch.* (Tome VI, page 185.)

Eglise du Saint-Sauveur. — 30 août 1890.

A quelques pas, au levant de *Notre-Dame de Cahuzac,* s'élève la chapelle orientée du *Saint-Sauveur.* Son chevet est à trois pans coupés. L'édifice, très bas, est couvert en tuile à canal. Il n'a qu'une très modeste nef, abritée sous un plafond plat, en ruine.

Au midi, une petite ouverture rectangulaire laisse pénétrer la lumière dans la chapelle, qui n'a point de fenêtre au mur septentrional.

L'aspect intérieur est navrant : le délabrement est complet. Contre le pan terminal du chevet, se dresse un autel sans valeur. Les stations du chemin de croix sont indiquées au moyen de vulgaires assiettes à dessert, représentant les scènes de la passion du Sauveur.

Sous une plaque de marbre noir établie au centre de la nef, repose la dépouille mortelle de M. l'abbé de Cahuzac, chapelain, chanoine honoraire d'Auch, mort à Toulouse, le 27 août 1855, ainsi que le rappelle l'épitaphe de sa tombe, nous l'avons dit plus haut (1).

Puisque nous venons de faire la monographie de la petite église du Saint-Sauveur, il nous paraît utile d'entreprendre celle de la chapelle de Cahuzac, telle qu'elle existe de nos jours. M. de Mauléon en a, lui-même, fait une description sommaire dans le premier chapitre de son édition abrégée de la *Miraculeuse Chapelle de Notre-Dame de Cahuzac*. Nous sommes surpris des hésitations de cet écrivain distingué, lorsqu'il veut déterminer l'époque de la fondation de l'édifice. « Essayons de fixer l'époque (de la construction), dit-il (page 10), en étudiant attentivement le caractère du bâtiment. »

Après avoir examiné les principaux détails du

(1) Mgr Henri II de Lamothe-Houdancour, archevêque d'Auch (1662-1684), vint à Cahuzac le 17 avril 1665. Il visita l'église du *Saint-Sauveur*, après avoir examiné *Notre-Dame de Cahuzac* et avant de se présenter à l'abbaye, où il fut reçu par les moines. (Voir les archives de Mademoiselle d'Aignan.)

La chapelle de *Saint-Sauveur* est bâtie en terre et couverte de tuiles à canal, dit le procès-verbal du prélat. Un lambris de sapin en forme de voûte domine l'édifice. Au nord, une large ouverture munie d'une balustrade en bois incommode les fidèles, surtout en hiver. Il convient de la fermer, d'autant que les *larrons* peuvent facilement violer cette clôture et commettre des vols dans la chapelle qui, cependant est bien pauvre. Elle n'a ni calice, ni ostensoir (soleil). La sacristie de *Notre-Dame de Cahuzac* lui fournit ce qui est nécessaire pour le service paroissial. M. Despax, gardien du pèlerinage, fait le prône et administre les sacrements à *Saint-Sauveur*, les dimanches et jours de fête, par ordre de Mgr Dominique de Vic, archevêque d'Auch.

Cent soixante personnes recevaient la communion pascale à la chapelle Saint-Sauveur, dit le procès-verbal de 1665. Avant l'ouverture de cette église au culte paroissial, les offices se firent dans la chapelle de *Notre-Dame des Neiges*, située entre Gimont et Cahuzac. (Procès-verbal du 17 avril 1665.)

monument, il ajoute : « A ces divers caractères, nous croyons pouvoir classer l'église de Cahuzac comme appartenant au style ogival secondaire et faire remonter sa construction au xv° siècle. » Mais tout à coup, le judicieux archéologue se ravise, il discerne, avec raison, des détails d'architecture qui ne peuvent appartenir qu'à la troisième période ogivale (page 15) et, à l'inspection des fenêtres et de la rosace, il déclare que ces éléments de la chapelle « semblent toucher au style ogival flamboyant et ne remonteraient ainsi qu'à la première moitié du xvi° siècle. » Voilà la vérité ! L'église de Cahuzac porte tous les caractères de l'architecture du xvi° siècle. M. de Mauléon n'en avait-il pas la preuve dans le premier chapitre de son édition du *Tableau de la chapelle miraculeuse*, publié par ses soins, en 1853 ? Jean Duclos y dit expressément (page 24) : « Le second retour de l'image miraculeuse sur l'ormeau fut un miracle si éclatant dans tout le royaume... que les dons et les offrandes de dix-sept années fournirent assez d'argent pour bâtir dans le jardin qui fut acheté le 12 du mois d'octobre de l'année 1513, une chapelle des plus belles et des plus célèbres qui soient en France, etc. »

Nous savons, d'ailleurs, par les livres de comptes de Cahuzac que le commencement, la première moitié, si l'on veut, du xvi° siècle marque la date certaine de la reconstruction de la chapelle miraculeuse substituée à une *chétive église bâtie en terre*. Obéissant à son sens archéologique, généralement très sûr, M. de Mauléon aurait dû, sans hésiter, indiquer cette époque, à laquelle il attribue, justement, le remarquable portail oriental de l'édifice, malgré le badigeon qui le dépare au temps où il le signale· (p. 19) à l'admiration des connaisseurs, dans les termes suivants : « Ce précieux morceau appartient à la plus riche période du style ogival : il a été couvert d'une couleur qu'il serait désirable de voir soigneusement enlever. Et nous sommes convaincu que la pierre du monument mise à nu et restaurée par une main intelligente, offrirait l'un des plus agréables morceaux que nous ait laissés le xvi° siècle. »

Ce travail est accompli : il fut, de tout point, la justification de la sûreté du coup d'œil du consciencieux éditeur du *Tableau* abrégé de l'abbé Jean Duclos.

Sous le bénéfice de ces observations préliminaires, nous allons, à notre tour, faire la description complète de la chapelle actuelle de Cahuzac, en transcrivant à cette place notre monographie rédigée le 30 août 1890. Comme celle du *Saint-Sauveur*, elle fait partie de notre ouvrage manuscrit : *Visite archéologique des églises et monuments du diocèse d'Auch.* (Tome vi, pages 164 et suivantes.)

CHAPITRE XIII

Extérieur.

Notre-Dame de Cahuzac n'est pas orientée. Son
chevet est au nord ; sa nef, au midi, est perpendi-
culaire à la résidence des chapelains. Nous n'avons
rien à dire de cette dernière partie de l'édifice,
à l'extérieur : le voisinage de la maison la dérobe
à notre étude.

A l'angle sud-ouest de la chapelle se détache
le clocher dont la base quadrangulaire engagée
dans les bâtiments est soutenue aux quatre angles
par des contreforts surmontés d'un pyramidion
rectangulaire avec sommet à quatre feuilles.
A partir de ce point, la tour devient octogonale.
Elle est pourvue d'une corniche fort simple au-dessus de laquelle se dresse le dernier étage à pans
coupés de la tour où l'on remarque des baies tri-
lobées. Une galerie à jour domine le clocher,
soutenue par une corniche, ornée, à chaque angle,
de gargouilles en pierre, sans sculpture.

Du centre de cette plateforme, se détache une
flèche octogonale revêtue de cuivre (1888). La hauteur
totale du clocher est de 33 mètres environ, savoir :
20 mètres pour la tour et 13 mètres pour la flèche.

L'examen des murs fait constater une différence sensible d'épaisseur entre la maçonnerie de la base du clocher ($1^m,25$) et du sommet ($0^m,53$).

De puissants contreforts destinés à contrebalancer l'effort de poussée des voûtes soutiennent l'édifice au levant, au couchant et au nord. Ici, les

Notre-Dame de Cahuzac (vue extérieure).

contreforts font face aux angles déterminés par les pans coupés du sanctuaire et l'un d'eux présente une niche à sommet cintré dans laquelle a pris place une statue de la Vierge Marie qui tient les mains jointes. S'il fallait s'en rapporter à une tradition locale, cette image serait un *ex-voto* offert à la Mère de Dieu par le prisonnier d'Auch (1), condamné, malgré son innocence, a être jeté dans les fers, à Toulouse. Parvenu près de la chapelle miraculeuse, il supplia la Vierge de démontrer par un prodige la justice de sa cause. Aussitôt, les chaînes tombèrent de ses bras : il recouvra la liberté !...

Les chapelles rayonnantes, disposées autour de l'église de Cahuzac, sont elles-mêmes soutenues par des contreforts, tantôt perpendiculaires aux murs, tantôt appliqués contre l'angle de la base des contreforts des grands combles, au levant, par exemple.

Sauf la fenêtre voisine du clocher et celle de *Sainte-Anne*, qui sont gothiques, toutes les baies des chapelles ont un sommet cintré. On s'expliquerait difficilement une telle anomalie dans un monument dont la plupart des éléments sont nettement marqués au coin du style ogival, si l'on ne songeait que les bas-côtés sont postérieurs à la chapelle.

Lorsque le visiteur parvient en face du mur oriental de l'édifice, compris entre les deux derniers contreforts de la face du levant, il aperçoit six blasons sculptés sur pierre. Sauf le premier à gauche, orné de *trois étoiles en chef*, ces écus paraissent appartenir à des bourgeois et des rotu-

____

(1) **Voir** p. 52.

riers qui, suivant un usage ancien, se donnaient des
armes parlantes. Sans rien affirmer, on peut rai-
sonnablement supposer que les sculptures héral-
diques de Notre-Dame de Cahuzac rappellent les
noms des six marguilliers de la chapelle qui, à la fin
du xvi° siècle, contribuèrent à l'œuvre importante
de l'agrandissement de la chapelle de Cahuzac. Cette
œuvre est datée. Ne lit-on pas, en effet, le millésime
1596, entre le second et le troisième blasons ?

Vu la différence de style entre les fenêtres des
chapelles rayonnantes de Cahuzac et des baies de
la grande nef, il n'est pas téméraire de penser qu'une
partie des bas-côtés du monument appartient à
la fin du xvi° siècle, époque où l'architecture de la
Renaisssance (1) se substituait aux procédés gothiques de la troisième période ogivale ? Nous posons
le problème. A d'autres de le résoudre d'une
manière définitive. Pour aider à la solution, nous
ferons observer que le beau portail ogival qu'il
nous reste à décrire, à l'angle sud-est de l'édifice,
manque d'unité avec la grande chapelle, par sa
disposition irrégulière, aussi bien que par les
motifs de son ornementation. Il paraît indiquer
une origine postérieure à celle de l'église de *Notre-
Dame de Cahuzac*. M. de Mauléon l'a pensé, lui-
même, à la page 17 de son opuscule, quand il a écrit
ces lignes judicieuses (2) : « Cette porte, située au
fond d'un porche de forme irrégulière, est tout à

____

(1) D'après M. Dubord, le plan primitif de la chapelle
ne comportait que deux chapelles de chaque côté de la
nef, à l'est et à l'ouest. C'est vers 1595 qu'on aurait fait,
par brèche, les autres chapelles voisines du sanctuaire
et la sacristie, au nord. Cette opinion est probable.

(2) *Tableau de la miraculeuse chapelle de Notre-Dame
de Cahuzac.* Edition de 1853.

fait dans le style ogival de la troisième époque, et nous semble être postérieure à la construction de l'église. » L'auteur consacre deux bonnes pages à la description de ce porche remarquable que nous allons, à notre tour, examiner avec soin dans ses détails On a déjà lu (pp. 69 et suiv.) les précieuses indications contenues dans le procès-verbal de visite de Mgr de Vic, au milieu du XVIIe siècle.

Le porche de la chapelle de Cahuzac est au levant, avons-nous dit. On y pénètre par une grande arcade gothique (1) dominée par un fronton triangulaire dont les rampants sont ornés de crosses végétales et soutiennent une croix. Au centre du gable (fronton) une large console, abritée sous un dais à pyramidion muni de crosses végétales, sert de support à un groupe de *Notre-Dame de Pitié*. La Vierge assise contemple son fils inanimé, reposant sur son giron.

Au-dessus du porche, s'étend une voûte en croisée d'ogive soutenue par des consoles, aux quatre angles. Le portail qui donne accès dans la chapelle est à l'ouest du porche. Les vantaux en bois sont ornés de douze panneaux avec bas-reliefs représentant les douze apôtres. Un linteau droit, arrondi aux angles, domine la baie flanquée de deux colonnettes rectangulaires divisées en plusieurs éléments et terminées à leur sommet par un pyramidion gothique couvert de crosses végétales.

Entre les deux piliers, se dessinent quatre arcs en accolade, ou mieux en contrecourbe, qui dominent le portail dont le tympan en pierre est pourvu,

(1) La lecture du procès-verbal de Mgr de Vic paraît révéler l'existence d'un abri pour les pèlerins, en avant du porche, vers le levant.

à son centre, d'une statue moderne de la Vierge-Mère, debout et couronnée, tenant un sceptre dans la main droite et l'Enfant-Jésus sur le bras gauche. Au sommet de l'arc, apparaît le Père Eternel. Il bénit avec la main droite et porte un monde dans la main gauche.

L'accolade ou contrecourbe de l'arc se termine par un beau finial (bouquet épanoui) qui développe ses feuilles au centre d'un panneau en pierre divisé en huit arcatures ogivales simulées, au-dessus desquelles s'étalent des moulures formant des dessins flamboyants compris entre deux corniches ouvragées à jour d'une rare délicatesse. L'une d'elles, au sommet, est ornée, à ses extrémités, d'une tête d'animal fantastique.

Le centre du tympan du portail, présente une dentelure festonnée autour de l'arc intérieur. On y distingue deux monogrammes. Celui de gauche, se compose des lettres combinées I H S (*Jesus Hominum Salvator*). Dans celui de droite, on lit les deux lettres initiales de la Salutation Angélique, habilement entrelacées, A M (*Ave Maria*) (1).

INTÉRIEUR.

Dès que nous avons franchi le portail, nous marchons dans la nef unique de la chapelle, qui mesure, dans œuvre, suivant l'axe qui part du fond méridional pour aboutir au pan terminal du chevet, une longueur de 18 mètres environ. Exactement, la nef proprement dite, a une étendue de 11^m,50 de longueur et le sanctuaire de 6^m,55 environ. La hauteur de l'édifice, sous clef, est de 13 mètres

(1) Le portail a une hauteur d'ouverture de 3^m,50 et une largeur de 2^m,07.

à peu près, dans la nef, dont la largeur est de 10 mètres, environ. Une voûte en brique polychromée et en croisée d'ogive s'étend au-dessus de la nef. On y remarque de beaux enroulements, des figures allégoriques, des personnages fantastiques. Depuis l'année 1823, un mauvais badigeon avait fait disparaître ces peintures primitives que le pinceau de M. Durand sut faire revivre et respecter avec autant d'habileté que de bon goût. Les nervures, les arcs doubleaux, les formerets reposent sur des piliers engagés, qui divisent l'intérieur de l'édifice en trois travées, ou mieux en deux, car la troisième, au nord, constitue le chevet.

A la face méridionale de la nef, apparaît une grande rose (1) ornée de verres peints, de dessins gracieux déterminés par les lignes tracées dans la pierre. Au-dessous de la rose, s'ouvre une porte à arc en accolade très surbaissée qui donne entrée sur la tribune en bois, en encorbellement Elle est réservée aux chapelains (2). Des corbeaux sculptés, ornés de figures grimaçantes, soutiennent la tribune dont la face antérieure est divisée en

(1) Elle a 3 mètres de diamètre, environ, ou 1^m,50 de rayon.

(2) D'après les anciens statuts de la chapelle, il y eut, autrefois, à cette même place, une autre tribune où les prêtres chargés du service du pèlerinage allaient prier, sans descendre dans le sanctuaire

S'il faut s'en rapporter au témoignage de la tradition, la tribune actuelle se trouvait, jadis, au-dessus de l'arcade gothique de la seconde chapelle de l'ouest, consacrée à l'orgue. Les chantres l'occupaient, pendant les offices, et on y aboutissait par une porte encore visible dans le chemin de ronde établi au-dessus des voûtes des chapelles occidentales. Un escalier à vis en pierre, construit près du chevet, au nord, donne accès dans cette *allée* supérieure.

dix arcatures à sommet cintré. Chacun des dix panneaux, — ainsi que ceux des faces ouest et est — présente un personnage peint, apôtre, évangéliste, etc.

Sous la tribune, une grande arcade ogivale, ouvrant sur la résidence des missionnaires, remplaça longtemps, en ce siècle, le grillage mentionné dans le procès-verbal de Mgr de Vic. Ce portique faisait face au chœur. M. de Mauléon le proscrivait dans son opuscule de 1853 (*Tableau*, etc., p. 16). On l'a relégué à l'extérieur de la chapelle, à l'est, pour en faire le portail de la résidence des missionnaires.

La nef est éclairée par deux séries de fenêtres qui dominent le portail, à l'est, et les arcades des chapelles, et vont aboutir à la fenêtre ogivale à trois baies du pan terminal du chœur. La baie orientale de la première travée, en partant du midi, est pourvue d'une simple grisaille. Elle a des dimensions très réduites. En face, à l'ouest, on aperçoit une fenêtre simulée.

Partout ailleurs, les arcades gothiques des chapelles sont dominées par des baies ogivales du meilleur goût ornées de vitraux peints et divisées en deux panneaux qui se composent de trois éléments : *soubassement, premier plan, second plan.* C'est, dans cet ordre, que nous indiquons les peintures sur verre, en faisant observer que chaque vitrail renferme quatre personnages superposés, deux à deux. Mais remarquons bien, en passant, que les fenêtres ogivales de l'ouest, parallèles à celles du levant, sont modernes. Elles furent ouvertes par brèche, sous Mgr Delamare, à l'époque des restaurations de *Notre-Dame de Cahuzac.*

C'est alors, aussi, que les chapelles furent pourvues de beaux autels en bois de chêne et que l'on construisit le porche élevé en avant du portail oriental de la chapelle.

Alors, encore, furent ouverts, à droite et à gauche de l'autel principal, les arcs gothiques des chapelles voisines, murés depuis la Révolution.

On peut bien, pensons-nous, attribuer à Arnaud de Moles (1) quelques parties des vitraux de la chapelle. Nous commençons la description des verrières par le côté occidental.

Vitrail de l'ouest (2ᵉ travée).

1. *Panneau de gauche.* — 1° *Soubassement : Armes des familles de Montheils.*

2° *Premier plan.* — Un personnage en robe azur, coiffé d'une sorte de turban, baisse la main droite et élève la main gauche, comme pour protester

(1) *Arnaud de Moles*, appelé aussi *Arnauton*, était fils de Sever de Moles, mort avant 1487. L'illustre auteur des verrières de la cathédrale d'Auch, naquit à Saint-Sever, chef-lieu d'arrondissement du département des Landes, où son père possédait de grands biens.

Arnaud de Moles épousa Jeanne de Benquet, de Saint-Sever, qui lui donna quatre enfants mâles, savoir : 1° JEAN, qui entra dans les ordres, en 1537 ; 2° *Jean* ; 3° JEAN ; 4° *Grégoire*, et une fille, mariée, avant 1521, à « Bertrand Des Claus, apothicaire et riche bourgeois de Saint-Sever Landes). »

On doit la précieuse découverte de cet état-civil, encore incomplet, à M. P. Raymond, archiviste des Basses-Pyrénées. (*Revue de Gascogne*, t. IX, p. 531-533.)

Ainsi, s'est trouvée résolue la question de l'origine du célèbre peintre-verrier, qui mourut entre 1518 et 1520. Les Toulousains se l'attribuaient et les Auscitains le revendiquaient comme un de leurs enfants. Toutes ces prétentions tombent devant les documents produits par M. P. Raymond.

D'autres contestations se sont élevées sur *l'inspiration* des chefs-d'œuvre du verrier landais ; est-elle allemande, italienne ? On peut consulter, à ce sujet, la *Revue de Gascogne* (t. XVII, p. 315-318).

contre les affirmations d'une Sybille placée en face, dans le second panneau:

3° *Second plan.* — Personnage debout, en face d'Abraham qui l'accueille. Est-ce Melchisédech ?

II. *Panneau de droite.* — 1° *Soubassement : Armes de la famille de Montaut et de Luppé.* Chaque baie a son blason, comme dans les autres fenêtres.

2° *Premier plan.* — Sybille tenant une verge dans la main droite et, dans la gauche, le rhyton symbolique ou la corne d'abondance. (Sybille Cymmérienne ?) Elle parle au personnage du panneau de gauche. — La verge pourrait être le flambeau symbolique de la Sybille de Lybie, annonçant la diffusion des promesses de la Loi antique.

3° *Second plan.* — Debout, Abraham déroule un phylactère sur lequel se détache le nom du patriarche : *Abraham.* Une inscription illisible et fruste paraît sous les personnages du second plan.

Vitrail de l'est (2ᵉ travée).

I. *Panneau de gauche.* — 1° *Soubassement : Armes de la famille de Mauléon.* Deux blasons identiques.

2° *Premier plan.* — Buste d'un personnage qui tient une verge dans la main gauche et repose la main droite sur sa poitrine. — Est-ce Aaron ? — Ce fragment de vitrail également attribué à Arnaud de Moles ne permet, à raison de son état, aucune identification sûre.

3° *Second plan.* — Saint Pierre, debout, tient les clefs symboliques dans sa main droite.

II. *Panneau de droite.* — 1° *Soubassement : Armes de la famille de Fezensac.*

2° *Premier plan.* — Buste avec coiffure Henri IV. — L'identification du personnage paraît impossible.

3° *Second plan*. — Saint Paul, debout, tient le glaive symbolique verticalement, avec la main droite, et porte la main gauche sur sa poitrine.

Il ne faudrait pas croire que ces bustes aient toujours présenté cet aspect. Les personnages furent complets à l'origine. Les malheurs des temps les ont privés de la partie inférieure du corps que les restaurateurs modernes ont remplacée par des soubassements avec blasons qui indiquent les noms des bienfaiteurs de la chapelle de Cahuzac.

Dans la seconde travée, comme dans la première, au sud, les nervures de la voûte aboutissent à une clé centrale sculptée. La clé de la première travée présente l'écu de France : *D'azur, à trois fleurs de lis d'or*, timbré de la couronne royale. On voit, dans la seconde clé, un écu de *gueules à trois chevrons d'or*. Les pièces de ce blason, qu'on doit attribuer à Aymeric de Bidos, abbé du monastère de Gimont, sont identiques à celles du grand portail, à l'est.

CHEVET.

On y distingue cinq pans coupés. Il est séparé de la nef au moyen d'un grand arc doubleau faisant fonction d'arc triomphal gothique. Les deux bases reposent sur le chapiteau historié de deux piliers engagés à pans coupés. Le pan terminal du sanctuaire n'a point d'ouverture à la base, occupée par le contreretable dont il sera question, bientôt, et qui cache au regard de la foule une petite baie rectangulaire par où passait, rapporte la tradition, une branche de l'*orme* sur laquelle aurait apparu l'image de *Notre-Dame de Pitié*. Cette petite fenêtre est visible dans la sacristie.

Les autres pans coupés du chevet commu-
niquent avec les chapelles voisines au moyen de

beaux arcs ogivaux d'une hauteur de 5 mètres environ. Les chapelles ont 4^m,25 de profondeur.

Sauf les deux premières nervures du chœur, qui sont soutenues par le chapiteau de l'arc triomphal, les autres arcs de la voûte reposent, aux angles, sur des consoles ornées de sculptures où se montrent les symboles des quatre évangélistes : le *Lion*, l'*Ange*, le *Bœuf* et l'*Aigle*. Toutes ces nervures aboutissent à une large clef de voûte, qui représente, en bas-relief, *Notre-Dame de Pitié*, titulaire de la chapelle, depuis l'époque de sa reconstruction, au moins.

Au fond du pan terminal, se dresse un beau contreretable du style de la *Renaissance*, flanqué de deux colonnes avec cannelures dorées. Dans l'attique, le Père Eternel étend les bras au-dessus d'un cartouche soutenu par deux anges, sous lequel se dessine une large niche où la Vierge tient sur son genou droit le corps inanimé du Sauveur. Ce groupe, en demi-relief, domine le ciborium de l'autel en bois doré du sanctuaire. La face antérieure du tombeau est ornée de peintures rappelant la dernière Cène ou l'institution de la sainte Eucharistie. Au-dessus du tabernacle, l'image miraculeuse de *Notre-Dame de Pitié* s'abrite sous une niche à sommet semi-circulaire. C'est une Vierge noire. *Nigra sum, sed formosa.*

En guise de tapis, le sanctuaire de *Notre-Dame de Cahuzac* possède, depuis très peu de temps, une superbe mosaïque traitée avec talent par Spinedi, artiste distingué, dont le nom est tracé à l'angle nord-est du chœur. Une autre inscription, à l'angle nord-ouest, rappelle le nom du bienfaiteur à qui la chapelle doit cette œuvre de mérite où le monogramme de la Vierge s'harmonise avec des figures géométriques à lobes arrondis, de très bon goût, tandis qu'une bordure avec enroulements donne à ces dessins l'apparence d'une toile ouvragée à la main.

Ce riche pavé est un hommage rendu à *Notre-Dame de Cahuzac* par un enfant distingué de Gimont, comme l'indique cette légende :

Donné | par | L. Campistron | mars 1901. |

Sauf le vitrail du pan terminal, qui possède trois baies, on en distingue deux, seulement, à chacune des autres fenêtres. Nous les décrirons, en commençant par le vitrail central.

1° *Vitrail du pan terminal.* — Il y a trois baies. Dans celle du milieu, le Christ est attaché à la croix. A sa droite, la Vierge est debout. A la gauche du Sauveur, *saint Jean* se montre, aussi, debout

On remarque trois blasons, dans le soubassement. Ce sont les armes de Mgr de Salinis, à gauche, au centre, celles de Pie IX, pape, et celles de Mgr Delamare, à droite.

2° *Vitrail du premier pan du chœur, à gauche.* — Le mystère de l'*Annonciation* s'y trouve représenté. Marie, debout, devant un lis, émergeant d'un vase, occupe le panneau de gauche. Dans celui de droite, l'Ange la salue : *Ave, gratia plena.* Il tient un lis dans la main gauche ; sa main droite se porte vers le ciel.

Au fond du vitrail, à gauche, armes des familles de Sevin et Bagnéris, à droite, celles de l'abbé de Cahuzac.

3° *Vitrail du second pan* (ouest). — La Vierge, debout, dans le panneau de gauche, reçoit la couronne de gloire de la main de son fils, représenté dans la baie de droite.

Au soubassement, quatre blasons reproduisent, ceux de gauche, les armes des familles d'Orcival et de Lartigue, ceux de droite, celles des familles de Montlezun, Pardiac et de Sudria de Merville.

4° Vitrail du premier pan coupé, à droite, en entrant dans le chœur (est). — Au premier pan, à droite, quatre personnages superposés, deux à deux, semblent rappeler un fragment de l'œuvre primitive attribuée à Arnaud de Moles. — Au fond du vitrail, à gauche, armes des familles de Lagausie et Montpezat.

5° Vitrail du second pan coupé du chœur (est). — Joseph et Marie se montrent dans la baie de droite. Dans celle de gauche, l'Enfant-Jésus, étendu sur une couche de paille, se détache sous les têtes du bœuf et de l'âne de l'Evangile, abrités dans une masure. — Deux blasons décorent le soubassement du vitrail.

CHAPELLES RAYONNANTES.

Toutes ces chapelles sont voûtées en croisée d'ogive. Leurs nervures établies sur des consoles historiées, placées aux angles, vont aboutir, partout, à une clef sculptée portant un bas-relief.

1° CHAPELLES DE L'OUEST.

1re Chapelle. — Saint Louis. — Il faut y remarquer deux contreretables d'un intérêt spécial. Ils proviennent des chapelles du chœur, voisines de l'autel du chevet. Celui de l'ouest, encadre une vulgaire porte. Il se recommande par les colonnettes (pilastres) cannelées, peintes en or et azur et dominées par un chapiteau ouvragé qui soutient une attique à cinq pans coupés, surmontée d'un entablement avec corniche ornée de peintures et d'or.

Ce contreretable incomplet dut orner le mur du nord de la chapelle de l'*Apparition*, au nord-est. Son entablement soutient un bas-relief avec cartouche noir sur lequel se détache un blason d'abbé de Gimont, selon toute apparence. Il est écartelé : Au 1er et au 4e, tour d'or, sur fond d'azur ; au 2e et au 3e, léopard (?) rampant de gueules, sur fond d'or. — Une croix d'or domine l'écu, autour duquel se montrent des lambrequins d'abbé.

Le contreretable a 2m,50 de largeur, à la base, et 2m,82 de hauteur. On l'a visiblement modifié pour le faire cadrer avec la porte qu'il abrite. — C'est en 1548, d'après les comptes de Cahuzac, que la Chapelle aurait reçu ces boiseries et celles que nous voyons, dans le même édicule, contre le mur du nord.

Celles-ci sont plus complètes que les précédentes. Elles ont conservé leur caractère primitif de contreretable, dont la base, demeurée vide, porte le souvenir et la trace de l'autel qu'il orna. Par tous ses caractères, il répond à la description conservée dans le procès-verbal de visite dressé par Mgr Dominique de Vic (1). En voici les principaux éléments.

Ce panneau (2) *doré et peint*, suivant les termes du procès-verbal de 1642, a une forme rectangulaire. Il a pour encadrement, deux pilastres cannelés (rouge et or) soutenus par deux piédestaux à corniche, à leur base, et servant eux-mêmes de

(1) Voir page 70 et la gravure de la page 171.
(2) Hauteur 3m,25, largeur 2m,50.

support à un entablement complet dont la corniche est ornée de moulures et dont l'architrave repose sur des chapiteaux corinthiens.

Le bas-relief sculpté au centre du panneau représente un monarque avec barbe, nu-tête, à genoux, tendant ses mains jointes, à droite, vers la Vierge Marie qui apparaît à ses regards, dans un nuage, en forme de niche. Marie est assise et tient son Fils enlacé entre ses bras. En arrière du prince, une femme, debout, soutient de la main droite la tête du suppliant et lui montre l'apparition avec la main gauche élevée. Une autre femme, à droite de la première, admire le prodige qui émeut un autre personnage, témoin de cette scène. Trois chevaliers, en costume antique, sont debout, à gauche, dans le fond du tableau. Le premier tient l'épée du monarque, le second porte son sceptre et le troisième soutient une pique dans sa main gauche.

A droite du bas-relief et au-dessous de l'apparition, se détache un tabouret doré soutenant le diadème à triple couronne, en forme de mitre, du prince, qui invoque la Reine du ciel.

Nous ne croyons pas qu'on puisse voir dans ce tableau le *Vœu de Louis XIII*, consacrant la France à la Reine du ciel, en 1638 (1) ou l'empereur

___

(1) Par sa célèbre déclaration, le roi Louis XIII ordonna, en 1638, une procession solennelle, le jour du 15 août, fête de l'Assomption. « A ces causes, disait le Prince, nous avons déclaré et déclarons que, prenant la très sainte et très glorieuse Vierge pour protectrice spéciale de notre royaume, nous lui consacrons particulièrement notre personne, notre couronne et nos sujets, la suppliant de nous vouloir inspirer une sainte conduite et défendre avec tant de soin ce royaume, contre l'effort de tous ses ennemis, que, soit qu'il souffle le fléau de la

Auguste adorant le nouveau maître
du monde, que la Sibylle lui montra,
porté sur un nuage entre les bras de
sa Mère, comme au vitrail de la cha-

guerre ou qu'il jouisse de la douceur de la paix, que
nous demandons à Dieu de tout notre cœur, il ne sorte
point des voies de la grâce qui conduisent celles de la
gloire, etc.. » Louis XIII promettait, en même temps,
de faire « construire de nouveau le grand autel de l'église
cathédrale de Paris, avec une image de la Vierge qui
tienne entre ses bras celle de son précieux Fils descendu
de la croix. » « Nous serons représenté, disait-il, aux
pieds du Fils et de la Mère, comme leur offrant notre
couronne et notre sceptre. »

Rétable dans la chapelle de Notre-Dame de Cahuzac.

pelle de *Sainte-Anne*, dans la cathédrale d'Auch. Il paraît plus rationnel, malgré les anachronismes commis par le sculpteur, au point de vue du costume, de reconnaître ici le *contre-autel* du procès-verbal de Dominique de Vic, rappelant, au dire de Dom Gelède, les origines du miracle de Cahuzac. Nos vieilles chartes, le *Cartulaire de Berdoues*, par exemple, donnent le titre de *roi*, de *prince*, aux grands seigneurs, aux comtes du pays. Ne faut-il pas voir un grand personnage dans le *cavalier* de la légende de Cahuzac ?

Ainsi, s'expliquerait l'allure de monarque attribuée au principal personnage du tableau qui appelle à son secours la Vierge du ciel, dont il a entrevu l'image dans l'oratoire de Cahuzac, d'après le récit de Dom Gelède (1642), qui reporte les débuts du pèlerinage de Cahuzac au ve siècle (!) (v. p. 28). Il n'est pas téméraire de penser que le tableau que nous venons d'étudier est bien celui que Dominique de Vic aperçut dans la première chapelle (v. p. 69) à l'ouest, dans sa visite du sanctuaire de Cahuzac, en 1642. « L'autel, disait-il, *a un contre-autel (retable) de bois peint et doré où, en demi-bosse est représentée une apparition glorieuse marquant quelque miracle que la* TRADITION APPREND ESTRE LE FONDEMENT ET LE PRINCIPE DE LA DÉVOTION DE CETTE CHAPELLE. »

Si, par impossible, le bas-relief eût représenté le vœu de Louis XIII, fait en 1638, tout le monde en eût rappelé l'origine récente, c'est hors de doute.

De nos jours, le contreretable de la chapelle que nous étudions a reçu un modeste autel en bois dédié à saint Louis. Il en avait un, aussi, en 1642.

. 2° *Chapelle de Sainte-Thérèse.* — Voûte en croisée

d'ogive. Dans le vitrail ogival qui l'éclaire, à l'ouest, un médaillon contient un scapulaire. Dans une niche, sainte Thérèse, debout, tient, dans sa main droite, posée sur sa poitrine, une plume qui paraît lui servir pour écrire le livre de ses Constitutions, ouvert dans sa main gauche.

Entre cette chapelle, autrefois réservée à l'orgue, et la chapelle suivante, se dresse, dans la nef, une belle chaire en bois avec abat-voix et bas-reliefs sculptés.

3° *Chapelle de Notre-Dame des Victoires.* — L'entrée se trouve dans le sanctuaire. La fenêtre qui éclaire la chapelle, à l'ouest, est à sommet arrondi. Au centre du vitrail de la baie, un médaillon contient un rosaire. Contre le mur du nord, autel en bois dont le retable soutient la statue de *Notre-Dame des Victoires,* debout, portant l'Enfant-Jésus sur un *monde,* établi à droite.

On prétend que la statue qu'on aperçoit, à droite, en entrant dans cette chapelle, représente *Notre-Dame des Neiges.* La Vierge assise tient l'Enfant-Jésus sur le genou gauche, et un sceptre dans la main droite. Elle porte le diadème royal. Ce groupe est fort intéressant (1). On peut l'attribuer au xivᵉ siècle, comme la Vierge de Juilles (2). Les deux madones

(1) Mgr Delamare, archevêque d'Auch (1861-1871), frappé de la beauté de cette image, la fit *polychromer* par une religieuse Ursuline du couvent du *Prieuré,* d'Auch, qui en a fait un vrai bijou d'art gothique.

(2) La statue de Juilles possède une double inscription gothique, avec abréviations, peinte sur les deux faces latérales du trône de la Vierge. Elle révèle le nom de famille de deux personnages en relief, qui prient la Mère de Dieu, à laquelle ils offrent cette superbe image.

On lit, à gauche (droite de la Vierge), *Ista[m] : Imagine[m] : fec[it] : | fieri : Fr[ater] : S[ancius] : ad hono | r[em] : beate : Marie : |* **Ce qui signifie :** *Frère*

proviennent de la chapelle de *Notre-Dame des Neiges*, qui s'éleva, jadis, à l'angle nord-ouest de la clôture du couvent de Gimont (abbaye).

4° *Chapelle de l'Immaculée-Conception*. — L'image de *Marie immaculée* décore le vitrail de la fenêtre cintrée, qui domine l'autel adossé au mur occidental. La voûte, en croisée d'ogive, de la chapelle est peinte : on y distingue *la Foi, l'Espérance, la Charité, la Religion* personnifiées.

C'est dans cette chapelle que Mgr Dominique de Vic rencontra le bas-relief signalé plus haut et dont les dimensions s'harmonisent très bien avec le mur du nord, malgré la saillie des nervures de la voûte.

La dépouille mortelle de M. de Cahuzac fut transférée de l'église *Saint-Sauveur* dans la chapelle de l'*Immaculée-Conception*, le 4 octobre 1900, ainsi que le rappelle la dalle en marbre blanc, dont le texte sera donné ailleurs.

Sancius fit faire cette image en l'honneur de la Bienheureuse Marie.
Les deux lignes suivantes sont tracées à droite 'gauche de la Vierge): *El : ista : est : Thomas : | De : P[ri]lhano : soror : ejus : | Et celle-ci, est Thomas de Prilhano, sa sœur.*
Plaise à Dieu que les *Ordonnances synodales* du diocèse protègent ce trésor contre le mercantilisme des Juifs et autres brocanteurs !
La statue a 1ᵐ.17 de hauteur. Elle est taillée dans un bloc de bois. Dans la contrée, on la désigne sous le nom de *N.-D. la Blanche* (Notre-Dame des Neiges). Assez souvent, dit-on, des personnes pieuses de Gimont et des paroisses voisines viennent prier, à Juilles, la Vierge qui, jadis, fut si vénérée dans la chapelle secondaire de l'Abbaye de Gimont, connue sous le nom de *Notre-Dame des Neiges*. S'il faut en croire la tradition, la Vierge de Juilles, qui tient l'Enfant-Jésus sur son genou, fut sauvée de l'incendie, pendant la Révolution, par un ancien domestique du couvent, qui la cacha dans un *silo* (Cros).

2ᵐ CHAPELLES DE L'EST.

1ᵉ *Chapelle de Sainte-Anne.* — C'est la première, après le portail. Les nervures de la voûte, en croisée d'ogive, reposent, aux angles, comme dans les chapelles suivantes, sur des consoles *historiées* ornées de sujets fantastiques. Le vitrail qui décore la fenêtre du levant, porte, à son centre, deux cœurs unis. Contre le mur du nord, un autel en bois est dominé par une niche, où sainte Anne, debout, apprend la lecture à sa fille, placée à la gauche de sa mère.

Des dalles en pierre forment l'aire de la chapelle.

2ᵐ *Chapelle de Saint-Joseph.* — Dans le vitrail cintré du levant, se montre le buste de saint Joseph, titulaire de la chapelle, dont l'image paraît, encore, dans la grande niche creusée dans le mur du nord, auquel est adossé l'autel du bienheureux patriarche, qui soutient l'Enfant-Jésus sur son bras gauche.

Entre cette chapelle et la suivante, on vit, long-temps, dans le sanctuaire, la statue de saint François d'Assise. Elle a été transportée dans la chapelle de Sainte-Thérèse. Le Bienheureux, debout, porte une croix dans la main droite et tient sa main gauche pendante.

3ᵐ *Chapelle de l'Apparition.* — Sur les consoles ornées de figures imaginaires et placées aux angles, repose la retombée des nervures de la voûte poly-chromée de cette chapelle consacrée à l'invention de la statue miraculeuse, qui aurait donné nais-sance au pèlerinage. Au-dessus de l'autel en bois, contre le mur du nord-est, s'ouvre une baie ogi-vale dont le vitrail rappelle l'apparition de *Notre-Dame de l'Orme* au berger de la légende consignée dans le livre de Jean Duclos et reproduite par Daignan du Sendat, dans les *Glanages* de la Bibliothèque municipale d'Auch.

Un pasteur en blouse rouge étend ses bras vers *Notre-Dame de Pitié* représentée, dans une gloire, au milieu des branches d'un ormeau couvert de feuilles vertes. Des bœufs paraissent autour de l'arbre du miracle. (Voir p. 25.)

Après le *Tableau de la chapelle de Cahuzac*, par Jean Duclos, et les divers extraits de cet ouvrage parus à des époques différentes, voici un monument tout à fait moderne, propre à perpétuer le souvenir du prodige accompli par le ciel, en 1513. On sait comment il faut compléter cette légende (1). Si, pour certains, elle n'était pas incontestable, il faut reconnaître, du moins, que la chapelle de *Notre Dame de Cahuzac* fut placée sous le vocable de *Notre-Dame de Pitié*, dans le premier quart du xvie siècle, puisque le monument était achevé vers 1530 et que la Vierge, assise, tient son fils inanimé sur ses genoux, dans le bas-relief de la clé de voûte du chevet.

Que devient, alors, la théorie de ceux qui font dater le culte de *Notre-Dame de Pitié* de la fin du xvie siècle, ou même l'attribuent aux dernières années du xve? N'est-ce pas qu'il faut l'abandonner, en présence de la preuve fournie par la chapelle de Cahuzac, bâtie entre 1513 et 1530? Non seulement, il faut l'abandonner, mais il est nécessaire d'affirmer le culte de la Vierge honorée sous ce titre, longtemps avant ces dates.

Dans son testament de la seconde moitié du

----

(1) **Voir page 27.**

xvᵉ siècle, retenu par Jean Troilhan, notaire à
Biran, Guillaume Castera « lègue, à titre de legs
« pie, par sentiment de religion et de dévotion,
« pour l'amour de Dieu et ordonne de donner à
« l'œuvre (au bassin) de *Notre-Dame de Pitié*, bâtie
« au côté opposé de l'église de Biran, la somme de
« quatre sols, une fois payée (1). » Or, ce testament, dont on a plusieurs copies, malheureusement fautives pour le millésime, doit être « placé
entre les dates de 1473 et 1483 (2). » Donc, le culte
de *Notre-Dame de Pitié* était, alors, en honneur
dans le diocèse d'Auch. On peut, sans crainte, le
faire remonter beaucoup plus haut, car la pratique,
reçue à Biran, de faire des legs à *Notre-Dame des
Douleurs* prouve, avec évidence, que cet usage est
antérieur à la fin du xvᵉ siècle. On pourrait dire,
sans exagération, que le culte de *Notre-Dame de
Pitié* est aussi ancien que l'Église. Toutefois, il est
certain que des témoignages écrits le signalent
dans le diocèse d'Auch, au xivᵉ siècle, au moins.
Pélegrine Auryola, veuve de Arnaud-Guilhem de
Vise (Bise), *autrefois de Samatan*, faisant son testament dans l'église paroissiale de Samatan, le
6 ocᴛᴏʙʀᴇ 1383, donne cent francs d'or aux Frères
Minimes de Samatan à la condition que les moines
entretiendront, dans leur maison, un prêtre chargé,
à perpétuité, de célébrer la messe pour la bienfai-
trice dans la ᴄʜᴀᴘᴇʟʟᴇ ᴅᴇ N.-D. ᴅᴇ Pɪᴛɪᴇ́ de l'église
du couvent (3). Du reste, voici le texte du testa-

(1) Archives de la chapelle de *Notre-Dame de Biran.*
(2) *Semaine Religieuse d'Auch*, 1896-97, p. 21, à propos de notre ouvrage : *Notre-Dame de Biran*, publié
en 1896. (In-12 de 316 pages, Auch, chez Cocharaux.)
(3) Ce testament, dont nous devons la connaissance à
M. l'abbé Dieuzeide, curé-doyen de Samatan, était con-

ment sur ce point : « Item conventui Fratrum
« Minorum Samathani centum franchos auri tali
« conditione quod dictus conventus teneatur tenere
« unum sacerdotem qui teneatur celebrare in eccle-
« sia dicti conventus in perpetuum in capella BEATE
« MARIE PIETATIS, pro anima ejus, etc. »

Au XVIᵉ et au XVIIᵉ siècle, la dévotion à *Notre-
Dame de Pitié* devient universelle

Louis XIII lui-même, en son vœu de consécration de la France à la Reine du ciel, veut être représenté aux pieds de *Notre-Dame de Pitié*, dans le
monument qu'il fait élever en la cathédrale de
Paris. « Et afin que la postérité ne puisse manquer
de suivre nos volontés, dit-il dans l'acte solennel
du 10 février 1638, pour monument et marque

servé, en dehors des grosses du notaire de Samatan,
« dans le livre de l'hôpital de Samatan ». Pélegrine Au-
ryole légua 100 florins d'or pour l'entretien d'un prêtre
chargé de célébrer la messe dans *l'hôpital des pauvres*.

La ville de Samatan possédait un *hôpital* et une commanderie, mentionnée dans les *Statuts* de Roncevaux,
en 1282. « ...Tolosa cum Samathano. » (Archives des
Basses-Pyrénées, G, 226.) On ignore le nom du fondateur
de la commanderie de Samatan. Serait-ce Bernard VII,
bien que, d'après Monlezun *(Histoire de la Gascogne,*
t. II, p. 242), Bernard V ait prétendu *au droit de guidage
du chemin de Saint-Jacques de Toulouse à Auch ?*

Près de la commanderie, s'élevait un hôpital de Saint-
Jacques. Il dépendait du couvent de Roncevaux, en
Espagne. Or, le chapitre de *S.-Sernin*, de Toulouse, possédait, de son côté, en Espagne, dans la Haute Navarre,
le prieuré d'*Artaxano*. C'était, de part et d'autre, de
graves difficultés pour l'administration de ces terres.
Les chanoines de Saint-Sernin et les moines de Roncevaux résolurent de faire échange de ces dépendances.
C'est ce qui eut lieu le 30 avril 1625. Le contrat fut enre-
gistré le 23 septembre 1625. (Archives du Parlement de
Toulouse, nᵘ 19, fol. 210), et Louis XIII autorisa l'accord
par lettres patentes de 1626, tandis que Urbain VIII ratifia
le contrat, le 25 février 1632, d'après l'*Inventaire de
Saint-Sernin,* à Toulouse.

immortelle de la consécration présente que nous faisons, nous ferons construire de nouveau le grand autel de l'église cathédrale de Paris, avec une image de la Vierge qui tienne entre ses bras celle de son précieux fils descendu de la croix : *Nous serons représenté aux pieds et du Fils et de la Mère comme leur offrant notre couronne et notre sceptre.* »

Nous permet-on de donner ces lignes comme le dernier argument de notre thèse en faveur de l'attribution du panneau en bas-relief de la première chapelle de l'est de l'église de Cahuzac à la représentation du prodige antique accompli par la Mère de Dieu, en faveur du cavalier (prince, sans doute), qui l'appela à son secours, dans un moment de grave péril ? Ce n'est pas *Notre-Dame de Pitié* qui apparaît dans les nuages, mais bien la Vierge-Mère debout, prête à secourir celui qui invoque son appui. Ainsi, se trouve résolu le problème posé à la page 170 de ce travail.

Il faut voir dans le panneau déplacé de Cahuzac, le bas-relief signalé par Dom Gelède, qui représentait « une apparition de la Vierge glorieuse marquant quelque miracle que la tradition *apprend estre le fondement et le principe de la dévotion de cette chapelle.* »

SACRISTIE.

La chapelle de l'Apparition est mise, au moyen d'une porte, en communication avec la sacristie, qui se développe en arrière du pan terminal du chevet, dans la direction du nord. Elle ne diffère que par le mobilier de la sacristie décrite dans le procès-verbal de Dominique de Vic, en 1642.

Ici, s'arrête notre étude de l'église de *Notre-Dame*

de Cahuzac que le conseil municipal de Gimont acceptait en hommage, le 23 septembre 1821, à la charge par lui de faire les réparations nécessaires au monument, qui, dit-on, réclamerait, à cette heure encore, des soins pour sa conservation. Fidèle à ses engagements, l'administration communale ne laissera pas péricliter un édifice qui est le palladium de la cité et l'honneur du diocèse.

La Vierge qui le vit élever à sa gloire a-t-elle jamais cessé de témoigner aux foules sa tendresse maternelle, ou de faire éclater la puissance de son bras ? Non, certes ! Et si la négligence des chapelains n'avait laissé tomber dans l'oubli les prodiges accomplis par *Notre-Dame de Pitié*, en son sanctuaire de Cahuzac, depuis un siècle, seulement, tous les murs du célèbre pèlerinage auraient depuis longtemps, disparu sous les cartouches dictés par la reconnaissance, les *ex-voto* arrachés à la gratitude des cœurs, dont la foi fut si souvent récompensée par la Mère de Dieu.

> Le docte Molinier,...
> Un autre Bouchedor que je ne puis nier,

dit l'auteur d'une épopée sur Garaison (1), ne put, jadis, raconter toutes les merveilles de la Vierge dans cet illustre sanctuaire.

> Si (aussi) n'a-t-il pas tout dit, et qui l'entreprendra,
> La plume, le papier et l'encre lui faudra (2),

ajoute l'écrivain, dans son enthousiasme, à la vue des miracles innombrables opérés à Garaison, et

_____

(1) Voir notre livre : *Berceau des Pères de Lourdes,* p. 106.

(2) *Faudra,* manquera, du verbe *faillir,* qui fait *faudra,* au futur.

qu'il ne peut enregistrer dans son ouvrage. Volontiers, nous répéterions ce cri d'admiration, en voyant les témoignages de bienveillance de Marie à l'égard des pèlerins de Cahuzac, qui ne cessent d'accourir dans son sanctuaire.

Nous permet-on, du moins, d'insérer, ici, un chapitre du *Livre d'or de Notre-Dame de l'Orme,* que nous appellerons *Epigraphie sacrée de Cahuzac?* Nous en devons les éléments au zèle du P. Gilibert, supérieur des chapelains de *Notre-Dame de Cahuzac,* dont la main pieusement inspirée relate, depuis quelques années, à peine, un certain nombre de bienfaits, accordés par le ciel aux visiteurs du sanctuaire confié à sa sollicitude.

D'autres monuments plus anciens attestent, dans la chapelle, la puissance de la Mère de Dieu. Nous n'en signalerons que deux :

1° Les burettes en cristal montées sur argent, qu'on trouve dans le trésor du pèlerinage, sont le témoignage de la gratitude de M. de Lavigne, miraculeusement guéri par Notre-Dame de Cahuzac, à l'époque de la procession mentionnée à la page 8 de ce volume.

2° La lampe en argent qui brûle au sanctuaire fut offerte à la Vierge, à titre de reconnaissance, par la famille d'Aignan, d'Auch, après la guérison miraculeuse de M. Louis d'Aignan, par la faveur de *Notre-Dame de Cahuzac.*

CHAPITRE XIV

Les *cartouches* inscrits ou, si l'on aime mieux, les plaques commémoratives des faveurs dues à *Notre-Dame de Cahuzac* sont de date récente, comme on le verra par leurs millésimes. Le nombre en serait infini, si tous les privilégiés de la Vierge avaient eu la pensée de rappeler le souvenir de leurs prières exaucées. Nous commençons la description épigraphique des *ex-voto* par le côté occidental du fond de la chapelle, pour revenir au point de départ, par le côté oriental.

Toutes les plaques en marbre blanc ont une forme rectangulaire ou quadrangulaire. Leurs inscriptions sont gravées en lettres d'or.

I. — Fond de la Chapelle (à gauche, en entrant).

Il y a deux séries de plaques. Nous commençons par les inscriptions du fond, et nous allons de gauche à droite, c'est-à-dire de l'est à l'ouest.

(1) Nous ne parlons pas, dans ces pages, des inscriptions de la mosaïque du chœur (p. 167), de la série des blasons avec date et initiales du mur oriental du bas-côté de la chapelle, à l'est, non plus que de la date gravée sur le linteau de la porte d'entrée du pensionnat de filles des *Écoles chrétiennes de la Miséricorde*, qui a pris place sur les bâtiments, jadis destinés à l'hôtellerie de *Notre-Dame de Cahuzac* : MDCCLXII.

PREMIÈRE LIGNE

Première plaque. — Pour la vue rendue a mon époux. | Merci. | Protégez toujours ma famille. | Souvenez-vous. | Aout 1900. | L. V. |

Cette guérison se trouve demandée dans une autre plaque fixée dans la *chapelle de Saint-Joseph*, en 1898. (Voir p. 196.)

Deuxième plaque. — Guérison signalée. | O Marie | Protégez les maisons religieuses | et ma vocation | 5 aout 1901. |

Depuis plus de huit ans, une jeune fille de santé très délicate, était incapable de tout genre de travail. Des sueurs continuelles la réduisaient à un état de faiblesse extrême. Étant venue accomplir un pieux pèlerinage à Cahuzac, son mal disparut comme par enchantement, après avoir résisté à tous les efforts de l'art. A partir de ce moment, la miraculée est souvent revenue à pied à Cahuzac, malgré les sept à huit kilomètres qui la séparent du sanctuaire.

Troisième plaque. — Guérie par la médaille | de Cahuzac. | Sainte-Marie, 2 juillet 1901. | M. S. |

Une jeune fille, originaire de Sainte-Marie, paroisse voisine de Cahuzac, était atteinte de méningite et de fluxion de poitrine. Elle fut subitement soulagée, dès qu'on lui imposa la médaille miraculeuse de Cahuzac. Peu à peu, elle parvint à sa complète guérison.

Quatrième plaque. — Pour mon époux | guéri de paralysie. | Merci | 8 septembre 1901. | A. D. |

Une épouse infortunée (A.D.), se voyant réduite à la dernière extrémité par la maladie de son mari dont la moitié du corps était paralysée, implora avec foi *Notre-Dame de Cahuzac*, pendant neuf jours. L'infirme reprit son travail, indispensable à la famille, le lendemain du dernier jour de la neuvaine.

Cinquième plaque. — POUR MON ENFANT | RECOMMANDÉ ET GUÉRI | MERCI A N.-D. DE CAHUZAC | Nbre 1901. St-LYS (Hte-GARONNE) | A. R. |

« Voulez-vous obtenir la guérison de votre fils dont la faible constitution vous donne de si justes appréhensions ? » avait dit une ancienne élève du pensionnat de Notre-Dame de Cahuzac, à la mère éplorée d'un enfant rachitique, « recommandez-le à la Vierge de Cahuzac. Elle vous exaucera. »

Le jeune malade ne tarda pas, en effet, à ressentir une amélioration notable. Comme la plaque l'indique, la famille qui a offert cet *ex-voto* habite Saint-Lys, dans la Haute-Garonne.

SECONDE LIGNE

Sixième plaque. — GUÉRISON SÉRIEUSE | OBTENUE | MERCI A N.-D. DE CAHUZAC | PARIS, 22 JUIN 1901 |

Il s'agissait d'une opération très dangereuse pour une jeune femme. La malade mit sa confiance en *Notre-Dame de Cahuzac*, qu'elle invoqua avec succès. Au grand étonnement des médecins, tout se passa de la façon la plus heureuse.

La miraculée ne crut pas trop faire pour *Notre-Dame*, en venant passer plusieurs jours à Cahuzac, en 1902. Elle voulait remercier, de vive voix, sa divine libératrice.

Septième plaque. — GUÉRIE D'UNE FIÈVRE TYPHOÏDE COMPLIQUÉE | MIEUX CONSTATÉ APRÈS MESSE ET VŒUX | MERCI A N.-D. DE CAHUZAC | GIMONT 7 DOULEURS | M. B. 7bre 1901. |

Les médecins avaient à peu près désespéré de la guérison d'une jeune fille de Gimont, âgée de dix ans environ. Depuis plusieurs jours, l'enfant était sans connaissance. Sa mère, pleine de confiance en Notre-Dame de Cahuzac, demanda une messe aux Chapelains du sanctuaire, pour le troisième dimanche du mois de septembre 1901. La jeune malade fut vouée au bleu par sa pieuse mère. Vers midi, il y eut une accalmie : la marche du mal parut arrêtée. Depuis ce moment, la guérison de l'enfant a paru assurée. Depuis lors, l'heureuse miraculée jouit d'une bonne santé.

Huitième plaque. — UNE MÈRE ET SA FILLE | VISIBLEMENT FAVORISÉES | PAR N.-D. DE CAHUZAC | ET SINCÈREMENT RECONNAISSANTES | MARS 1902. O. P. |

La mère qui témoigne sa reconnaissance à la Vierge, devait subir une opération fort dangereuse, dont l'issue paraissait très douteuse. Elle appela Notre-Dame de Cahuzac à son secours. L'œuvre des médecins s'accomplit avec succès.

La fille, atteinte de rhumatismes aigus, mit, aussi, sa confiance en Marie. Elle fit célébrer une messe pour implorer l'assistance de Notre-Dame de Cahuzac, qui calma ses douleurs aussitôt.

Neuvième plaque. — VOUS AVEZ PROTÉGÉ NOTRE ENFANT | DANS UNE GRAVE MALADIE | ET DURANT SON SERVICE MILITAIRE | MERCI. LE TRAVEZ. OCT. 1902. |

Le jeune militaire dont il est ici question, était artilleur à Toulouse. Avant son départ pour l'armée, ses parents l'avaient placé sous la protection de la Sainte Vierge. Elle veilla visiblement sur lui, pendant une longue maladie qu'il fit à l'hôpital. Le père et la mère du soldat qui semblait devoir succomber sous les atteintes d'une grave pleurésie, demandèrent sa guérison à *Notre-Dame de Cahuzac* et communièrent à son intention, dans la dévote chapelle. Le soldat recouvra aussitôt la santé qui n'a cessé de se maintenir jusqu'à la fin du service de l'heureux militaire.

Dixième plaque. — A N.-D. | DE CAHUZAC | MERCI POUR UN SUCCÈS SCOLAIRE | RECOMMANDATION D'UNE FAMILLE | G. G. 1902. |

On comprend sans peine qu'il s'agit, dans cette inscription, d'un brevet obtenu par un lauréat, qui a mis sa confiance en Marie et recommande sa famille à Notre-Dame de Cahuzac, propice à sa demande.

II. — PLAQUES DU CÔTÉ OCCIDENTAL DE LA CHAPELLE

I. — Plaque, avant la première chapelle de l'ouest.

RECOMMANDÉ A MARIE. | MALADIE COMPLIQUÉE | ET OPÉRATION DANGEREUSE. | SOUVENIR DE LA GUÉRIE | 15 AOUT 1901. | SEINE-ET-OISE |

La malade qui fit graver ce témoignage de gratitude habite le département de Seine-et-Oise. Elle était atteinte de graves lésions intérieures, qui firent juger indispensable une opération chirurgicale. Avant de se confier aux soins des médecins, la pieuse chrétienne remit le sort de sa santé aux mains de *Notre-Dame de Cahuzac*, dont elle connaissait la puissance. L'opération réussit à merveille ; la guérison fut complète.

II. — **Chapelle Saint-Louis.**

Plaque à l'entrée de la chapelle, à gauche. — N.-D. de Cahuzac | , guérie d'une fièvre longue et dangereuse, | je vous remercie | Elevée près de vous | je vous confie ma vie | P. C. Gimont | Nov. 1902. |

Une jeune fille de Gimont, ancienne élève du pensionnat de Cahuzac, était, depuis longtemps, en proie à une fièvre persistante. Sa faiblesse, par suite de la maladie, était excessive. Pleines de confiance en Notre-Dame de Cahuzac, ses compagnes prièrent la Sainte Vierge avec ferveur et la jeune malade fut sauvée.

III. — **Plaques entre la première et la seconde chapelle de l'ouest** *(Sainte Thérèse).*

Il y en a quatre, fixées sur la face principale du pilier à pans coupés.

Première plaque. — Merci a Notre-Dame | des Sept-Douleurs | 3 novembre 1899. |

Ex-voto offert à Notre-Dame de Cahuzac, en témoignage de reconnaissance pour succès de baccalauréat.

Deuxième plaque. — N.-D. de Cahuzac | m'a visiblement protégée | 2 février 1900. |

Couches laborieuses. Au rapport des médecins, la naissance d'un nouvel enfant devait entraîner la mort de la mère qui offrit cet *ex-voto*. Sa délivrance ne présenta aucun danger, dès qu'elle eut invoqué le secours de *Notre-Dame de Cahuzac.*

Troisième plaque. — Pour la guérison de ma fille | M. A. M. | 1ᵉʳ mai 1900. |

Une enfant, toute jeune, menaçait de succomber sous les atteintes d'une méningite. Sa mère l'ayant recommandée à *Notre-Dame de Cahuzac*, la guérison de la petite malade fut promptement assurée.

Quatrième plaque. — POUR MA FILLE RÉTABLIE | ET MES ENFANTS. | 1900. |

La jeune fille indiquée dans ces lignes était frappée d'anémie dangereuse, depuis sa naissance. Sa mère obtint le rétablissement de la santé de l'enfant, en la consacrant à *Notre-Dame de Cahuzac*, à l'âge de dix ans. En offrant un témoignage de gratitude à la Mère de Dieu, la pieuse chrétienne lui recommande ses autres enfants.

Deux autres plaques sont établies sur le pan de gauche du pilier.

Première plaque. — MERCI | A N.-D. | POUR FAVEUR OBTENUE | GIMONT 1900. |

On a voulu garder le silence sur l'objet du bienfait dû à la faveur de Notre-Dame de Cahuzac.

Seconde plaque. — O MARIE | PROTÉGEZ | LES MAISONS | RELIGIEUSES | SEPT. 1902. |

Dieu n'a pas jugé à propos d'accueillir la prière pour beaucoup d'Instituts.

Sur le pan de droite du pilier, on lit les inscriptions suivantes :

Première plaque. — A CAHUZAC | NOTRE ENFANT | A TROUVÉ | LA SANTÉ | MERCI | CONDOM NOV. | M. S. | 1902. |

Une famille de Condom avait de vives et légitimes appréhensions sur la santé d'une jeune fille frêle et délicate, qu'elle n'osait confier à des mains étrangères pour son éducation. L'idée vint à la mère de recourir à Notre-Dame de Cahuzac et de placer son enfant dans le pensionnat voisin du sanctuaire.

Tout se passa au gré des parents. La jeune fille vécut plusieurs années dans la maison des Religieuses de Cahuzac, toujours favorisée d'une bonne santé, qui se maintient dans sa famille.

Seconde plaque. — MERCI A N.-D. | POUR MA FILLE | M. L. A. | GUÉRIE | LE 29 AOUT | 1902. |

La mort semblait certaine pour une enfant de deux à trois ans, gravement malade. Désespérée des insuccès de la médecine, la mère recourut à Notre-Dame de Cahuzac et voua au bleu la petite malade.

Aussitôt, son état s'améliora. En peu de temps, la guérison fut assurée.

IV. — Plaques de la chapelle de Sainte-Thérèse.

Première plaque, à gauche en entrant. — O MÈRE DE PITIÉ | VOUS M'AVEZ SAUVÉ MA FILLE. | DE CETTE GUÉRISON ET AUTRES FAVEURS | UNE MÈRE RECONNAISSANTE | 6 JANVIER 1897. |

La jeune fille, dont il s'agit ici, était tombée dans un état d'extrême faiblesse, à la suite d'insomnies persistantes et prolongées. Son état changea complètement aussitôt que sa mère l'eut recommandée à *Notre-Dame de Cahuzac.*

Parmi les autres faveurs rappelées dans l'*ex-voto*, il faut mentionner la guérison d'une sœur de la mère de l'enfant, atteinte de démence.

Deuxième plaque. — O MÈRE DE PITIÉ | VOUS M'AVEZ GUÉRIE | MERCI DE CETTE FAVEUR | MAI 1900 |

L'heureuse privilégiée de *Notre-Dame de Cahuzac* qui offre ce souvenir désire garder l'*incognito* et laisser dans le silence la nature de son mal, guéri par le recours à *Notre-Dame de Cahuzac.*

A droite, en entrant dans la chapelle, on rencontre deux plaques.

Première plaque. — AMOUR ET RECONNAISSANCE | A NOTRE-DAME DE CAHUZAC | POUR DEUX FAVEURS OBTENUES | LE 12 SEPTEMBRE 1894 |

La conversion d'un père est la première faveur rappelée dans ces lignes. La seconde a pour objet le rétablissement d'un malade rongé par la gangrène, après la double amputation d'une jambe. Malgré le peu d'espoir des médecins, sa guérison fut assurée dès qu'on eut invoqué *Notre-Dame de Cahuzac.*

Deuxième plaque. — RECONNAISSANCE | A NOTRE-DAME DE CAHUZAC | 11 OCTOBRE 1884 17 FÉVRIER 1894 | 25 NOVEMBRE 1899 | F. A. C. |

Il s'agit de divers examens subis avec succès, aux trois époques indiquées. Le lauréat ne veut pas révéler son nom.

Troisième plaque, dans l'intérieur de la chapelle. — A NOTRE-DAME DE CAHUZAC | MERCI | POUR PLUSIEURS FAVEURS | 16 JUILLET 1900 | A. B. |

Il est question de plusieurs bienfaits spirituels obtenus par l'entremise de *Notre-Dame de Cahuzac.*

V. — **Plaques, près de la chaire.**

Première plaque. — BÉNIE | SOIT NOTRE-DAME | QUI A GUÉRI MON JEUNE ENFANT | 27 JUILLET 1897 |

L'enfant rappelé dans cette inscription était de Gimont. Son état fut si grave, qu'il ne restait plus pour lui, aucun espoir de guérison. Sa mère l'ayant voué à *Notre-Dame de Cahuzac,* après de ferventes prières et l'hommage d'un cierge, la santé fut miraculeusement rendue au jeune malade.

Deuxième plaque. — RECONNAISSANCE | A NOTRE-

Dame de Cahuzac | pour faveur obtenue | 25 octobre 1898. | L. C.

La *faveur* obtenue méritait, certes, une bien vive gratitude. On va le voir. Une malheureuse femme, atteinte de démence, avait une tendre dévotion pour la Vierge de Cahuzac, qu'elle venait prier avec foi dans les moments lucides. Son mari ne partageait pas ses pieuses croyances : il était, au contraire, entièrement hostile à ses pratiques religieuses et ne souffrait pas qu'elle portât sur elle une médaille, un scapulaire.

Notre-Dame de Cahuzac n'abandonna jamais l'épouse infortunée qui, un jour, fut sauvée d'une mort certaine : elle s'était pendue. Dans une autre occasion, la Vierge l'arracha de nouveau au trépas : elle s'était empoisonnée, en absorbant de la teinture d'iode. Dans une autre rencontre encore, elle se jeta dans un puits, voulant en finir avec la vie, s'écriait-elle. C'est en vain qu'on lui offrit de la sauver, elle refusa tout secours. On put, cependant, la délivrer du danger qu'elle courait : une force mystérieuse la soutenait assise sur l'eau.

Témoin de ce prodige, son mari se convertit et voulut déposer lui-même ce souvenir de gratitude dans la chapelle de Cahuzac où sa femme vint faire un pèlerinage en action de grâces. Depuis ce moment, toute trace de désordre mental a disparu chez elle ; elle jouit d'une bonne santé.

Troisième plaque. — Pour la conversion | d'un père | 1900. |

Depuis plus de trente ans, le père visé dans ces lignes était réfractaire à toute pratique de religion. Ceux qui l'aimaient le recommandèrent à *Notre-Dame de Cahuzac* qui veilla sur lui et lui obtint la grâce de se reconnaître en pleine liberté, ayant l'usage de toutes ses facultés.

Quatrième plaque, sous la chaire. — RECONNAISSANCE | A | NOTRE-DAME DE CAHUZAC | 1887 |

On ignore l'objet de cet hommage de gratitude.

VI. — Chapelle de Notre-Dame des Victoires.

A gauche, en entrant, remarquons un médaillon, qui renferme la robe blanche d'une enfant, de Condom, guérie par l'entremise de *Notre-Dame de Cahuzac*. La mère reconnaissante a offert cet ex-voto à la Vierge protectrice de sa fille qui, à l'âge de deux ans, ne marchait pas encore, à cause de la difformité de ses pieds.

On mit à la malade des bas appliqués sur la statue miraculeuse de Cahuzac et l'enfant ne tarda pas à marcher ; ses pieds se redressaient insensiblement, chaque jour.

Les nombreux médaillons distribués sur les murs de la chapelle de *Notre-Dame des Victoires* sont l'expression de la gratitude d'une foule de premières communiantes, reconnaissantes à Marie, pour des faveurs reçues.

Le premier, à droite, n'est pas un *ex-voto*. Il contient, au milieu d'une couronne de fleurs blanches, un fragment du tronc de l'ormeau miraculeux, qu'on acheva de déraciner, dans la sacristie, lorsqu'on y installa la grande commode adossée au pan terminal de la chapelle.

VII. — Chapelle de l'Immaculée-Conception.

Ici, tout proclame les bienfaits de Notre-Dame de Cahuzac, dont le sanctuaire eut pour gardien et protecteur, au dernier siècle, l'abbé de Cahuzac.

Les restes de ce favori de la Vierge furent transférés de *Saint-Sauveur* dans cette chapelle, comme l'atteste l'inscription funéraire que nous lisons sur la dalle de marbre blanc placée au-dessus de sa tombe. En voici le texte :

✝ | ICI REPOSE | A. J. F. M. DE CAHUZAC | ANCIEN SECRÉTAIRE D'AMBASSADE | ORDONNÉ PRÊTRE A ROME LE 20 DÉCEMBRE 1817 | CHAPELAIN DE NOTRE-DAME DE CAHUZAC | CHANOINE HONORAIRE D'AUCH | PRÊTRE TRÈS CHARITABLE ET TRÈS PIEUX | BIENFAITEUR INSIGNE DE NOTRE-DAME DE CAHUZAC | ET DE LA PAROISSE DE GIMONT | NÉ A GIMONT LE 17 DÉCEMBRE 1777 | DÉCÉDÉ A TOULOUSE, LE 27 AOUT 1855 | INHUMÉ DANS L'ÉGLISE DE SAINT-SAUVEUR | TRANSFÉRÉ DANS CETTE CHAPELLE LE 4 OCTOBRE 1900 | *R. I. P.* |

A l'entrée de la chapelle, de nombreux médaillons expriment la reconnaissance d'une foule d'âmes sensibles aux bienfaits de *Notre-Dame de Cahuzac*. Le cadre qui est à droite, contient la lettre écrite de Rome par M. l'abbé de Cahuzac, le jour de son ordination (20 décembre 1817). Les restes d'ornements et de vêtements du même prêtre, qui ont trouvé place dans un autre cadre, à gauche, sont aussi des *ex-voto* offerts à *Notre-Dame de Cahuzac* par des amis du saint défunt, témoins des faveurs de *Notre-Dame de Pitié* envers son serviteur d'élite.

Ces amis sont connus de tous. Si leurs noms pouvaient être oubliés, la deuxième plaque fixée au mur de la chapelle, à gauche, en entrant, les rappellerait fidèlement aux visiteurs. On y lit, en effet :

A LA MÉMOIRE DE | M. ARMAND DE CAHUZAC | LES MISSIONNAIRES DIOCÉSAINS | 1900 |

Au-dessous de cette inscription, se lit la suivante : Souvenir | de la famille Latapie | 27 mai 1900. |

Une jeune femme de cette maison, atteinte, depuis neuf ans, d'une maladie de la moelle épinière, se trouvait dans l'impossibilité absolue de se livrer à un travail quelconque. La médecine impuissante, lui avait prodigué tous ses soins, mais en vain. L'infortunée malade fit trois visites à *Notre-Dame de Cahuzac*. Ce fut avec un plein succès. L'amélioration commencée aux deux premières, se confirma à la dernière. La guérison était complète !

Depuis, la pieuse privilégiée de *Notre-Dame de Cahuzac* peut vaquer à tous les soins de son ménage et s'occuper de ses devoirs de mère à l'égard des enfants de sa famille.

Une autre plaque, à droite, en entrant, rappelle un bienfait obtenu par un ami de *Notre-Dame de Cahuzac*. Elle est ainsi conçue :

Reconnaissance | pour une faveur | obtenue le 21 novembre 1871.

Le miraculé n'a pas voulu révéler son nom.

On ignore, aussi, celui du lauréat qui a offert la plaque disposée au-dessous de celle-ci et qui porte ces mots : Merci a Marie | pour un succès | scolaire | 20 octobre 1901. |

VIII. — Chapelle de l'Apparition
(à l'est du maître-autel)

Première plaque, à gauche, en entrant. — Trois guérisons (une désespérée) | Cessation d'un fléau | autant de faveurs | dont je remercie | Notre-Dame de Cahuzac | 2 février 1898 |

Les deux premières guérisons rappellent deux

faveurs signalées de la Vierge envers le père et la mère de la donatrice de l'*ex-voto*. Après de longues souffrances qui résistaient à tous les efforts de la médecine, les deux malades implorèrent *Notre-Dame de Cahuzac*, qui leur rendit la santé.

Elle accueillit aussi avec bonté la prière de la mère désolée, qui obtint la *guérison désespérée* de son fils âgé de sept ans. En prenant ses ébats, l'enfant était tombé dans un bassin plein d'eau en ébullition. Ses deux bras décharnés devaient se détacher du tronc, au témoignage de deux médecins consultés sur le sort du blessé. Pleine de confiance en Marie, la mère demanda trois messes à Cahuzac et fit bander les bras de son fils avec du linge appliqué sur la statue miraculeuse de *Notre-Dame de Pitié*. Le pansement dura huit jours. Dès la première heure, l'enfant se sentit mieux. Après une semaine, toutes ses blessures étaient cicatrisées.

En mentionnant la *cessation d'un fléau*, la donatrice fait allusion aux maladies, aux pertes d'animaux subies par sa famille, qui cessèrent, enfin, lorsqu'elle eut adressé ses vœux à *Notre-Dame de Cahuzac*, en lui promettant un *ex-voto*.

Deuxième plaque. — Amour | et | reconnaissance a Marie | mai 1873 |

On ignore l'objet des faveurs qui ont fait offrir ce témoignage de reconnaissance à la Vierge de Cahuzac. On ne sait pas davantage la nature de la grâce demandée à Notre-Dame dans la plaque établie, à droite, en entrant, dans la chapelle. On y lit ces lignes : Une mère | recommande a Marie | l'avenir religieux de sa famille | 29 juin 1900 | E. T. |

Il serait également difficile de dire les noms, les

motifs de gratitude des donateurs de nombreux médaillons qui tapissent les arcs de l'entrée de la chapelle de l'Apparition. Ces *ex-voto* sont l'expression certaine de la reconnaissance des fidèles pour des grâces reçues.

IX. — **Sixième chapelle** *(Saint-Joseph)*.

A gauche, en entrant, CROSSE ET MITRE de Mgr Gouzot, archevêque d'Auch.

Ce prélat eut une prédilection marquée pour *Notre-Dame de Cahuzac*. On le vit bien à l'époque de son arrivée dans le diocèse d'Auch. Après avoir reçu le pallium des mains du cardinal Desprez, à Toulouse, le 3 août 1887, Mgr Gouzot se rendit à Cahuzac, le soir du même jour, comme pour y faire sa veillée d'armes sous le regard de la Vierge, avant de prendre possession de son siège, le lendemain, 4 août. Une foule nombreuse l'y salua avec respect et reçut ses premières bénédictions. Lui-même demanda celles de Notre-Dame de Cahuzac, le lendemain, en célébrant la messe à six heures et demie, dans le sanctuaire privilégié qu'il visita souvent, pendant les années de son épiscopat, à Auch.

Mgr Gouzot (Louis-Joseph-Jean-Léon) naquit le 25 février 1827, à Paleyrac, en Périgord. Après trois ans d'épiscopat à Gap, il fut nommé archevêque d'Auch, le 16 avril 1887, préconisé le 26 mai suivant et installé le 4 août de la même année. Il est mort en 1895.

A droite, en entrant dans la chapelle de Saint-Joseph, on aperçoit une plaque portant cette légende : O MARIE | VOUS M'AVEZ RENDU LA SANTÉ. |

Rendez la vue a mon époux. | Souvenez-vous. |
25 mars 1898. |

Notre-Dame de Lourdes avait commencé la guérison de la miraculée atteinte d'une grave maladie,
dont elle fut complètement débarrassée dans un
pèlerinage à Cahuzac. Depuis ce temps, elle jouit
d'une excellente santé. Tenant compte du *Souve-
nez-vous* de la plaque de 1898, *Notre-Dame de Pitié*
a aussi rendu la vue à l'époux de la confiante chrétienne. Nous l'avons vu ailleurs (p. 183, première
plaque du fond de la chapelle).

X. — Plaques entre les chapelles de Saint-Joseph et de Sainte-Anne ou du Sacré-Cœur.

Ces plaques sont disposées sur le pilier de la nef,
composé de cinq pans coupés.

Face principale (de bas en haut).

Première plaque. — Reconnaissance | a Notre-
Dame de Cahuzac | le 19 décembre 1894.

Un chien, atteint d'hydrophobie, avait mordu
plusieurs animaux d'un troupeau, pour déchirer
ensuite. avec violence, le bras d'un vieillard âgé de
quatre-vingts ans et arracher le talon d'une petite
fille. Le retard mis à faire cicatriser les blessures,
fit juger inutile un voyage à Paris, pour suivre un
traitement dans l'Institut Pasteur La famille des
victimes mit plutôt sa confiance en Notre-Dame
de Cahuzac, qui a préservé de tout mal rabique le
vieillard et l'enfant, tandis que deux animaux
moins gravement blessés ont succombé aux douleurs de la rage.

Seconde plaque. — RECONNAISSANCE | A NOTRE-DAME DE CAHUZAC | 19 DÉCEMBRE 1894. |

Ce n'est qu'au moyen de deux potences (béquilles), que la donatrice de cet *ex-voto* parvenait à faire quelques pas. Au témoignage des médecins de la contrée, son infirmité était incurable. Elle demanda à être transportée à *Notre-Dame de Cahuzac*, où elle guérit subitement. L'*ex-voto*, que nous venons de lire, fut offert à la chapelle, longtemps après l'événement. La miraculée avait une trentaine d'années, à cette époque (1894).

Troisième plaque. — MERCI A NOTRE-DAME DE CAHUZAC | POUR UN SUCCÈS SCOLAIRE | 15 NOVEMBRE 1898. |

On devine l'objet de cette faveur. Il n'en est pas de même pour la plaque suivante, dont le texte est complété par des explications orales.

Quatrième plaque. — MERCI A MARIE | 8 SEPTEMBRE 1876. |

Témoignage de gratitude offert pour la guérison d'une méningite et de la fièvre typhoïde, par l'invocation de *Notre-Dame de Cahuzac.*

Premier pan, à gauche.

Première plaque. — BONNE MÈRE | BÉNISSEZ NOTRE PREMIÈRE COMMUNION | 15 MAI 1902 | P. M. |

Prière adressée à *Notre-Dame de Cahuzac* par deux enfants qui se disposaient à faire une bonne première communion.

Seconde plaque. — EXAMENS | HEUREUX | MERCI | A | N.-D. | MAI 1902 | P. G. |

Témoignage de gratitude offert à *Notre-Dame de Cahuzac*, par un militaire qui lui avait recommandé ses examens.

Second pan, à gauche.

Première plaque. — RECONNAISSANCE | POUR LA RÉUSSITE | D'UNE AFFAIRE | ESC. AOUT | 1902. |

Hommage rendu à *Notre-Dame de Cahuzac* par une personne de Gimont, qui lui avait confié le succès d'une affaire temporelle.

Seconde plaque. — MARIE | GUÉRISSEZ DEUX ÉPOUX | S¹-G. | 2 JUILLET | 1902. |

Premier pan, à droite.

Première plaque. — FAVEUR SPIRITUELLE | TEMPO-RELLE | 1902. |

Remerciements offerts à la Sainte Vierge par une malade qui lui avait recommandé, en même temps, son âme, sa santé et ses affaires temporelles.

Seconde plaque. — GLOIRE | AU S.-C. | DE JÉSUS | A MARIE | A | S¹ JOSEPH. |

Une personne pieuse, très fidèle au culte du Sacré-Cœur, de *Notre-Dame de Cahuzac* et de saint Joseph, exprime sa gratitude pour des grâces reçues.

Second pan, à droite

Première plaque. — DEUX ŒUVRES | RECOMMAN-DÉES ; A JÉSUS | ET A MARIE | 1902. |

Un prêtre avait recommandé à Notre-Seigneur et à sa sainte Mère deux œuvres qui lui étaient particulièrement chères. Cette plaque exprime sa reconnaissance, pour les faveurs reçues.

Seconde plaque. — POUR LE RETOUR | D'UN PÈRE | ET SA | PERSÉVÉRANCE | MAI 1901. |

Cette plaque, offerte en *ex-voto*, est le témoignage de la gratitude d'une fille qui a obtenu la conversion de son père par la protection de *Notre-Dame de Cahuzac*.

XI. — **Plaques entre le pilier et la chapelle de Sainte-Anne.**

Première plaque. — Une communauté | reconnaissante se | confie en la protection | de Notre-Dame de Cahuzac | 1ᵉʳ janvier 1893. |

Seconde plaque. — Pour une grande | faveur obtenue. | Merci a Notre-Dame de Cahuzac | 2 avril 1899. |

Une personne atteinte d'une maladie intérieure, depuis de longs mois, ne comptait plus sur sa guérison par les soins de la médecine. Elle invoqua plutôt Notre-Dame de Cahuzac et en obtint la grâce désirée ; son *ex-voto* l'atteste.

Troisième plaque. — Pour le retour d'un père | et sa persévérance | Mai 1901. |

XII. — **Septième chapelle de Sainte-Anne ou du Sacré-Cœur.** *(Plaques à gauche, en entrant).*

Première plaque. — Jésus, Marie, | faites que je voie. | Ma prière a été exaucée. | M. M. 2 novembre 1898. |

L'action de grâces est justifiée par la faveur que *Notre-Dame de Cahuzac* accorda à la donatrice de la plaque, en lui rendant l'usage de la vue pour son travail. La miraculée peut, depuis, lire et écrire.

Seconde plaque. — Reconnaissance | a Notre-Dame de Cahuzac | pour la guérison de notre enfant | 6 avril 1894. |

Les parents d'un petit enfant dévoré par une fièvre violente avaient perdu tout espoir de sauver leur bien-aimé malade. Ils eurent recours à *Notre-Dame de Cahuzac*, à laquelle ils offrirent un cierge, après avoir fait célébrer une messe en son honneur. La guérison fut prompte.

Plaques à droite, en entrant.

Première plaque. — SALUT DES MALADES | VOUS NE DÉLAISSEZ PAS CEUX | QUI IMPLORENT VOTRE SECOURS | MERCI A NOTRE-DAME DE CAHUZAC | LE 11 JUILLET 1895.

La donatrice de la plaque, dangereusement malade, avait reçu les derniers sacrements. Son état ne laissait plus aucun espoir de guérison, car, à une fièvre violente, s'ajoutaient la méningite et le muguet. *Notre-Dame de Cahuzac* la sauva !

Au moment où le prêtre récitait les dernières prières, après trente heures d'agonie, elle reprit ses sens et dit ces mots : *Ce n'est pas encore fini !* C'était vrai, car la pieuse chrétienne vit encore et garde à *Notre-Dame de Cahuzac* le souvenir le plus reconnaissant.

Deuxième plaque. — NOTRE-DAME DE CAHUZAC | PROTÉGEZ MON FILS SOUS LES DRAPEAUX | ET DANS NOUVELLE FAMILLE | AUCH. 25 MARS 1898. |

Une mère reconnaissante recommande à Notre-Dame de Cahuzac son fils aimé, qui vient de se marier, après avoir obtenu des succès dans la carrière militaire.

Intérieur de la chapelle.

Plaque unique. — REINE DES APOTRES | CONVERTISSEZ A LA VRAIE FOI | ET AUX PRATIQUES CHRÉTIENNES | DES AMES QUI ME SONT CHÈRES. | 22 JUIN 1900. | M. H.

Prière d'une âme dévouée au salut des membres de sa famille, qu'elle recommande à *Notre-Dame de Cahuzac.*

XIII. — **Plaques entre la septième chapelle et la porte d'entrée du levant.**

Plaques entre la chapelle et le pilier.

Première plaque. — O MARIE, | MERCI POUR LA GUÉRISON | DE MA FILLE MOURANTE. | BÉNISSEZ | SA PROCHAINE PREMIÈRE COMMUNION | 8 DÉCEMBRE 1897.

Une mère voyait avec douleur sa fille, toute jeune, s'étioler et s'éteindre, depuis le jour de sa naissance. A l'âge de trois ans, l'enfant atrophiée, presque sans mouvement, refusait toute nourriture : aussi, demeurait-elle réfractaire à tout développement physique : son corps n'avait presque pas dépassé les limites atteintes au moment où elle vint au monde.

Mue par un vif sentiment de confiance envers la Vierge de *Pitié*, la mère prit sa fille, franchit, en esprit de pénitence, la distance de dix kilomètres qui la séparait de Gimont et vint la consacrer à *Notre-Dame de Cahuzac*. Pendant la messe, l'enfant, privée de sommeil, depuis plus de six mois, s'endormit doucement et son sommeil se prolongea, pendant toute la durée du retour, bien qu'elle n'eût pris qu'une légère boisson. Bientôt, elle partagea la nourriture de sa famille.

Après un an, elle était grande et vigoureuse. Depuis, ses forces se sont développées avec son corps. Aujourd'hui, la miraculée est une robuste et belle jeune fille.

Deuxième plaque. — A NOTRE-DAME DE CAHUZAC | JE CONSACRE MA FILLE GUÉRIE | CAZAUX-SAVÈS | MAI 1899 |

Souvenir de gratitude d'une mère qui doit à

Notre-Dame de Cahuzac la guérison de sa petite fille malade, que l'art n'avait pu rendre à la santé.

XIV. — **Plaques du pilier à cinq pans coupés.**

Face principale.

Première plaque. — MERCI A NOTRE-DAME DE CAHUZAC | 23 JUIN 1896 |

Seconde plaque. — RECONNAISSANCE | A NOTRE-DAME DE CAHUZAC | 8 DÉCEMBRE 1894 |

Souvenir reconnaissant pour une opération très délicate, dont le succès fut demandé à *Notre-Dame de Cahuzac.*

Troisième plaque. — MERCI | A NOTRE-DAME DE CAHUZAC | FAVEUR ACCORDÉE | A. J. M. | 1898 |

Cet *ex-voto* est dû à la guérison d'une enfant, obtenue après un pèlerinage fait à *Notre-Dame de Cahuzac* par quelques personnes amies de la jeune malade originaire de Simorre.

Quatrième plaque. — MERCI A MARIE | UN BACHE-LIER L. F. | 29 JUILLET 1899 |

Cinquième plaque. — MERCI A MARIE. |

Reconnaissance d'un lauréat envers *Notre-Dame de Cahuzac.*

Premier pan, à gauche.

Première plaque. — POUR | PLUSIEURS FAVEURS | MERCI | OCTOBRE 1901. |

Les donateurs de l'*ex voto* ont négligé de préciser la nature et l'étendue des bienfaits reçus.

Seconde plaque. — A | N.-D. | DE | CAHUZAC | AMOUR | RÉPARATION | 1902. |

Une âme, touchée de repentir, offre cette plaque en réparation de profanations commises dans le lieu saint.

Second pan, à gauche.

Première plaque. — Prière | a | Marie. |
Le vœu fut-il exaucé ? On l'ignore.

Seconde plaque. — Merci | a N.-D.　de Cahuzac
| M. F. |
Hommage de gratitude d'un enfant malade, guéri
par l'intercession de Notre-Dame de Cahuzac.

Troisième plaque. — Pour plusieurs faveurs
obtenues | Merci | mai 1901. |
Il faut noter, surtout, la guérison d'un petit
garçon.

Premier pan, à droite.

Première plaque. — Petite fille | guérie | merci
| Gimont | Aout 1901. |
La guérison fut prompte, après le recours à Notre-
Dame de Cahuzac. La santé s'est maintenue.

Seconde plaque. — Merci | a | N.-D. | de Cahu-
zac. | Protégez mes fils | M. C. | 1902. |
Heureuse d'une première grâce obtenue aux
examens du baccalauréat, M. C. recommande, avec
foi, ses enfants à Notre-Dame de Cahuzac.

Second pan, à droite.

Première plaque. — Merci | a | Marie. |
On ne connaît pas l'objet de la grâce accordée.

Seconde plaque. — A N.-D. | de Cahuzac | pour
ma | fille guérie | N^{bre} 1900 | M. P. |
Témoignage de reconnaissance d'une mère, pour
sa fille guérie miraculeusement par la faveur de
Notre-Dame de Cahuzac.

Troisième plaque. — Pour | mon fils | subitement
guéri | Mai 1901. |
Il s'agit d'un petit enfant de Samatan, atteint

d'une méningite et d'une maladie de poitrine. Sa santé fut toujours bonne, depuis sa guérison.

XV. — **Plaques entre le pilier et la porte d'entrée.**

Première plaque. — M. P. AVAIT REÇU LES DERNIERS SACREMENTS | LE SAMEDI SAINT (APRÈS UNE LONGUE AGONIE) | ELLE SE LÈVE EN S'ÉCRIANT : | NOTRE-DAME DE CAHUZAC M'A GUÉRIE | MERCI POUR CETTE GUÉRISON QUI SE MAINTIENT | 2 JUILLET 1898. |

Maria P. est voisine de la chapelle de Cahuzac. Atteinte de phtisie pulmonaire, elle se voyait abandonnée des médecins, qui ne croyaient plus à sa guérison, à cause des progrès ininterrompus du mal et des crises qui se multipliaient. Le dimanche des Rameaux de 1898, M. Gilibert, supérieur des missionnaires de Cahuzac, lui administra les derniers sacrements.

L'agonie de la malade dura toute la Semaine Sainte, au milieu de souffrances intolérables, qui arrachaient à Maria P. des cris si déchirants que les voisines demandaient, par pitié, sa mort, pour la délivrer des tourments qu'elle endurait. Se trouvant seule, un moment, le jour du Samedi-Saint, la malade, subitement guérie, se leva, s'habilla et parut à la fenêtre, en criant : « *Notre-Dame de Cahuzac m'a guérie !* »

Le lendemain, jour de Pâques, Maria P. refusa les soins de ses garde-malades et toute sa famille put assister, ce jour-là, à l'office divin. Son état s'améliora de jour en jour, sans la moindre rechute.

Seconde plaque. — MARIE, ACCORDEZ LA PERSÉVÉRANCE | A UNE AME CONVERTIE | 2 AVRIL 1899 |

XVI. — **Plaques après la porte d'entrée du fond de la chapelle.**

Première plaque. — Reconnaissance | a N.-D. de Cahuzac | pour faveurs accordées si libéralement | D^{bre} 1801. |

Une communauté religieuse recourut à *Notre-Dame de Cahuzac*, pour diverses faveurs, que la Vierge lui accorda. Cette plaque rappelle, en même temps, les bienfaits de la Vierge et la gratitude des religieuses qui l'avaient invoquée.

Seconde plaque. — Pour mon enfant | guéri durant la messe | dite pour lui | 25 juillet 1900 P. B. |

Cette inscription relate la guérison d'un tout petit enfant de Gimont, atteint d'une bronchite dangereuse. Sa mère recourut à *Notre-Dame de Cahuzac* et fit célébrer une messe à son intention, dans la chapelle miraculeuse. Pendant le saint sacrifice, l'enfant délivré de tout mal se mit à jouer, ne donnant plus signe de souffrance. Le jeune malade était guéri !

Troisième plaque. — O Marie | protégez mon fils Joseph | déjà sauvé par vous | N^{bre} 1900 |

L'enfant désigné dans cette plaque, plus heureux que sa petite sœur moissonnée par la mort, avait reçu une première grâce de guérison de *Notre-Dame de Cahuzac*. Mais la maladie vint le visiter une seconde fois : ses jours parurent en danger. Ses parents désolés, en voyant l'impuissance de la médecine pour rendre la santé à leur fils, firent vœu, si l'enfant guérissait, d'entreprendre, pieds nus, le pèlerinage de *Notre-Dame de Cahuzac*.

La Vierge écouta leur prière. Le petit malade recouvra la plénitude de ses forces. Aussitôt, fidèles à leur engagement, les parents prirent la route de Cahuzac, et, par une matinée bien humide, presque froide, franchirent, sans chaussure, la distance de 15 à 20 kilomètres, qui les séparait de *Notre-Dame de Cahuzac*. Depuis, la Vierge a maintenu l'enfant dans un état de parfaite santé.

Quatrième plaque. — MARCHE ET FORCE | OBTENUE POUR MES DEUX ENFANS | MERCI | TOULOUSE 1901. |

Témoignage de gratitude d'une mère qui habite Toulouse. Ses enfants, chétifs, très faibles, ne pouvaient pas marcher, bien qu'ils fussent assez âgés. *Notre-Dame de Cahuzac*, invoquée avec foi par la mère, qui fit toucher leurs vêtements à la statue miraculeuse, leur donna force et santé. Ils marchèrent sans peine.

Ici, s'arrête la nomenclature des faveurs de Marie envers plusieurs chrétiens qui, dans ces dernières années, seulement, ont visité avec fruit la chapelle miraculeuse de Cahuzac. A la vue de tant de prodiges, ne pourrait-on pas répéter, dans une certaine mesure *(si parva licet...)*, la parole de saint Jean au sujet des miracles accomplis par le Sauveur : *Il y a une foule d'autres merveilles qui, si elles étaient écrites, composeraient un si grand nombre de volumes, qu'à mon avis, le monde entier ne pourrait les contenir?* (S. Jean Evang., chap. XXI, verset 25.)

CHAPITRE XV ·

Bref de N. S. P. le Pape Pie IX

PORTANT CONCESSION D'INDULGENCES
A LA CHAPELLE DE NOTRE-DAME DE CAHUZAC

PIE, Pape neuvième

POUR PERPÉTUEL SOUVENIR,

Désireux d'augmenter la piété des Fidèles et de contribuer à leur salut par l'effusion des célestes trésors de l'Eglise, Nous accordons miséricordieusement dans le Seigneur une *Indulgence plénière* avec rémission de tous les péchés, qui pourra être gagnée une fois par an, le jour choisi par chacun, à tous les chrétiens de l'un et de l'autre sexe, qui, vraiment pénitents, s'étant confessés et ayant communié, visiteront pieusement l'Eglise ou le Sanctuaire de Notre-Dame de Cahuzac dans le diocèse d'Auch, et y prieront pour la concorde des princes chrétiens, l'extirpation des hérésies et l'exaltation de notre Mère la Sainte Eglise.

Nous accordons, en outre, à tous ceux qui, contrits de cœur, visiteront ladite Chapelle un jour quelconque de l'année et y prieront aux intentions indiquées plus haut, *cent jours d'indulgences*.

Nous voulons, nonobstant toute disposition contraire, que ces Indulgences plénières et partielles soient applicables par manière de suffrage aux âmes des Fidèles chrétiens qui ont quitté ce monde en état de grâce.

Cette concession est faite à perpétuité.

Donné à Rome, près de Saint-Pierre, sous l'anneau du pêcheur, le 5 juillet 1859, de notre Pontificat le quatorzième.

Pour S. Em. le Cardinal MACCHI,

J.-B. BRANCALEONI CASTELLIANI, subst.

Vu et autorisé pour le Diocèse :

Auch, 20 juillet 1861,

C. DE LADOUE, Vic.-gén.

Ordonnance de Mgr l'Archevêque d'Auch

PORTANT APPROBATION

De la Confrérie établie dans la chapelle de Cahuzac
Sous le nom de NOTRE-DAME DE PITIÉ

ANTOINE DE SALINIS, par la grâce de Dieu et du Saint-Siège Apostolique, ARCHEVÊQUE D'AUCH, Primat de la Novempopulanie et des Deux-Navarres, Assistant au trône pontifical, etc., etc..

Vu la demande qui nous a été adressée par le Supérieur des Missionnaires diocésains, dans le but d'obtenir l'approbation d'une Confrérie établie, dans la Chapelle de Cahuzac, sous le titre de Notre-Dame de Pitié;

Vu les Statuts et Règlements de la Confrérie ;

Vu la Bulle de Clément VIII, Quæcumque;

CONSIDÉRANT que l'Association de Notre-Dame de Pitié a existé autrefois ; qu'elle a reçu l'approbation de plusieurs de nos vénérables prédécesseurs, et qu'elle a été, pour les fidèles, la source de nombreuses grâces ;

CONSIDÉRANT que les différents buts pour lesquels la Confrérie est établie répondent aux divers besoins des temps actuels ;

CONSIDÉRANT que les Statuts ne renferment rien de contraire aux Règles canoniques ;

12*

NOTRE CONSEIL entendu, et le Saint Nom de Dieu invoqué,

NOUS AVONS ORDONNÉ, et par ces présentes, ORDONNONS :

ARTICLE PREMIER.

La Confrérie de Notre-Dame de Pitié, établie dans la Chapelle de Cahuzac, est et demeure approuvée.

ARTICLE II.

Les Confrères devront se conformer exactement aux Statuts que nous approuvons dans leur forme et teneur. Une copie de ces Statuts, signée de notre main, restera dans nos archives ; une autre sera déposée dans les archives de la chapelle.

ARTICLE III.

Il sera donné lecture de notre ordonnance, dans la chapelle de Cahuzac, le jour de la Nativité de la Très Sainte Vierge.

Donné à Auch, sous le seing de notre Vicaire général, notre sceau, et le contre-seing de notre Secrétaire, le 25 du mois d'août 1860, en la fête de saint Louis, roi de France.

DE LADOUE, *Vic.-gén.*

Par Mandement :

J.-J. MENDOUSSE, *Ch., Secr.*

Règlement de la Confrérie de Notre-Dame de Pitié
ÉTABLIE DANS L'ÉGLISE DE CAHUZAC

À l'honneur de la Très Sainte Trinité, du Père, du Fils et du Saint-Esprit, et spécialement à l'honneur et révérence de la Sainte Vierge Marie, Mère de Dieu, a été rétablie dans la dévote Chapelle de Cahuzac, où est l'image de Notre-Dame de Pitié, la Confrérie fondée par Dom Bidos, abbé régulier de Gimont, et approuvée par

Son Eminence le cardinal Louis d'ESTE, archevêque d'Auch, d'après les articles et les statuts ci-après, et par une grâce spéciale du Souverain Pontife, elle est affiliée à la congrégation *Primaria* établie à Rome.

ARTICLE PREMIER.

La Confrérie de Notre-Dame de Pitié se compose des personnes de l'un et de l'autre sexe qui auront été canoniquement agrégées par l'un des prêtres Missionnaires diocésains.

ARTICLE II.

La Confrérie est établie principalement pour les fins suivantes :

1° Prier pour le Souverain Pontife, et pour tous les besoins de l'Eglise ;

2° Pour le bien spirituel et corporel des petits enfants ;

3° Pour le maintien de l'esprit chrétien dans les familles et surtout parmi les jeunes gens qui étudient dans les écoles ou qui servent sous les drapeaux ;

4° Pour le soulagement des âmes du Purgatoire ;

5° Pour la conservation des fruits de la terre.

ARTICLE III.

Pour avoir part aux avantages de la Confrérie, il faut :

1° Avoir été admis par un prêtre Missionnaire ;

2° Réciter tous les jours un *Pater* et un *Ave* avec cette invocation :

« NOTRE-DAME DE PITIÉ, PRIEZ POUR NOUS. »

3° Porter sur soi, autant que possible, une médaille de Notre-Dame de Cahuzac.

ARTICLE IV.

En entrant dans la Confrérie, il convient de faire une aumône, qui est destinée à entretenir la chapelle de la Confrérie, et à faire acquitter les messes prescrites par les règlements.

ARTICLE V.

Une Messe sera célébrée, chaque semaine, à l'autel de Notre-Dame de Pitié, aux intentions générales de la Confrérie.

ARTICLE VI.

Une Messe pour le repos de l'âme des Confrères décédés sera célébrée, chaque année, le lendemain de l'Assomption de la Vierge, ainsi que le lendemain de la Nativité.

ARTICLE VII.

Chaque Dimanche, à l'exercice qui a lieu dans la chapelle, on récitera une dizaine de chapelet pour toutes les intentions particulières qui auront été recommandées.

ARTICLE VIII.

Le jour de la Nativité de la Sainte Vierge, fête principale de la chapelle de Cahuzac, il se fera une procession à laquelle les Associés tiendront à honneur d'assister.

ARTICLE IX.

Les principales fêtes de la Confrérie sont : la Compassion de la Sainte Vierge, l'Assomption, la Nativité, l'Immaculée-Conception ; ces jours-là, les Confrères peuvent gagner une indulgence plénière.

ARTICLE X.

Toutes les fois que les Confrères feront une bonne œuvre, comme, par exemple, visiter la chapelle, ils peuvent gagner une indulgence de 40 jours.

Tableau des Indulgences accordées à la Confrérie de Notre-Dame de Cahuzac.

INDULGENCES PLÉNIÈRES

1° Le jour de la réception ;

2° A l'article de la mort ;

3° Une fois la semaine, au jour marqué pour la réunion ;

Lorsque les réunions se font le soir, on peut gagner l'indulgence le matin ou le lendemain ;

4° Les jours de la Nativité ou de l'Ascension de Notre-Seigneur, et ceux de l'Annonciation, de l'Assomption, de la Conception et de la Nativité de la Sainte Vierge, le jour de Notre-Dame des Sept-Douleurs ;

5° Deux fois par an, le jour d'une confession de toute

la vie ou d'une revue, depuis la dernière confession
générale ;

6° Le jour de la clôture d'une retraite, lorsqu'on en a
suivi les exercices spirituels pendant huit jours, ou même
sept, six ou cinq, lorsqu'on ne peut en faire davantage.

Pour gagner toutes ces indulgences, il faut se confesser, communier, visiter la chapelle de la Congrégation et y prier selon les fins accoutumées. Ceux qui
assistent à la réunion font par là-même la visite prescrite.

Pour les deux dernières indulgences, il n'est pas nécessaire de visiter la chapelle de la Congrégation : il suffit
de visiter une autre église.

INDULGENCES DE SEPT ANS

1° En accompagnant à la sépulture les corps des
fidèles ;

2° En disant un *Pater* et un *Ave* pour les défunts ou
malades, au son de la cloche ;

3° En assistant à la Messe les jours ouvrables ;

4° En examinant sa conscience. le soir, avant de
prendre son repos ;

5° En visitant les pauvres infirmes et les prisonniers,
soit dans les hôpitaux, soit ailleurs ;

6° En réconciliant les ennemis.

Les Congréganistes pourront gagner ces indulgences
partout, en remplissant dans l'église des lieux où ils se
trouveront ou ailleurs, selon leurs facultés, les œuvres
prescrites à cette fin.

Ils gagneront, aussi, toutes les indulgences attachées
aux stations des églises de Rome, si, pendant le Carême
et dans les autres temps de l'année, aux jours de ces
stations, ils visitent dévotement l'église des lieux où ils
se trouveront, en y récitant sept fois l'Oraison dominicale et la Salutation angélique.

INDULGENCES DES STATIONS DE ROME

1° *Indulgence plénière* (confession et communion
requises) : Noël, Jeudi-Saint, Pâques, Ascension.

2° *Indulgence de trente ans et trente quarantaines :*
1ᵉʳ janvier, Circoncision, Epiphanie, dimanches de Sep-

tuagésime, de Sexagésime, de Quinquagésime ; Vendredi et Samedi-Saints ; tous les jours de l'Octave de Pâques, jusqu'au dimanche de Quasimodo, inclusivement ; le 25 avril, saint Marc ; les trois jours des Rogations ; dimanche de la Pentecôte et tous les jours de l'Octave ; 26 décembre, saint Etienne ; 27 décembre, saint Jean l'Evangéliste ; 28 décembre, saints Innocents.

3° *Indulgence de vingt-cinq ans et vingt-cinq quarantaines :* Dimanche des Rameaux.

4° *Indulgence de quinze ans et quinze quarantaines :* Mercredi des Cendres, 4ᵉ dimanche de Carême, 3ᵉ dimanche de l'Avent, veille de Noël, nuit de Noël et messe de l'Aurore.

5° *Indulgence de dix ans et dix quarantaines :* Tous les jours, pendant tout le Carême (excepté les jours désignés aux paragraphes précédents) ; veille de la Pentecôte ; mercredi, vendredi et samedi des Quatre-Temps de septembre et décembre ; 1ᵉʳ, 2ᵉ et 4ᵉ dimanches de l'Avent.

INDULGENCES POUR LES MORTS

Toutes ces indulgences sont applicables aux âmes des fidèles défunts. L'autel de chaque Congrégation ou Confrérie est privilégié. Tous les Prêtres jouiront de ce privilège, seulement pour les Congréganistes.

Vu et approuvé :

Auch, 28 août, en la fête de saint Augustin, année 1860.

DE LADOUE, *Vic.-gén.*

CHAPITRE XVI

Vierges tutélaires du diocèse d'Auch.

Quand on lit les vieilles *Chroniques*, les *Mémoires* guerriers du moyen-âge, on est surpris du nombre de titres donnés au même chevalier. Cette multiplicité de noms vient des divers fiefs possédés par le héros, qui reçoit l'appellation des terres qu'il gouverne. Il en est de même pour l'auguste Mère de Dieu. Elle prend des titres différents, suivant les lieux et les pays, dont elle accepte la suzeraineté.

C'est toujours la même Vierge. Peu importe le vocable sous lequel on se plaît à l'honorer.

Le sommaire de ce chapitre n'a donc rien de blessant pour l'oreille chrétienne.

Si nous ajoutons ces pages à celles qu'on vient de lire, c'est uniquement pour satisfaire la piété justement curieuse des fidèles qui pourront, ainsi, avoir une idée plus précise de la couronne de sanctuaires donnés pour protecteurs au beau diocèse d'Auch, par d'illustres prélats.

On en compte quatorze. *Cahuzac* ayant le premier rang, nous donnons II pour numéro d'ordre à la première notice du chapitre.

II. — **Notre-Dame d'Auch.**

Les historiens racontent que saint Taurin Ier, ayant transféré d'Eauze à Auch le siège métropolitain, aurait porté dans sa nouvelle ville épiscopale des reliques de la Mère de Dieu : des cheveux, un fragment de robe, des morceaux de pierre de son tombeau, de la terre sur laquelle la Mère du Sauveur rendit le dernier soupir et l'autel élevé à la Vierge Il les déposa au sommet de la colline, maintenant appelée *Place de Salinis*. De ce moment, date pour la province d'Auch, le culte de *Notre-Dame de la Nativité*, que Taurin II rendit plus célèbre, vers 856, en établissant son siège archiépiscopal près de l'oratoire de la Vierge, qui ne tarda pas à devenir une belle église partiellement rebâtie par saint Austinde (1042-1068). On en voit encore quelques vestiges à l'angle sud-est de la basilique actuelle.

Bernard II de Sainte-Christie, archevêque d'Auch, acheva l'édifice et en fit la dédicace, en 1121. Détruite par Bernard IV, comte d'Armagnac, la cathédrale d'Auch fut reprise aux fondations, sous le pontificat de François-Philibert de Savoie, archevêque d'Auch (1483-1490). La première pierre en fut jetée le 4 juillet 1489. On commença les travaux par le chevet de la métropole actuelle.

Arnaud de Moles, originaire des Landes, enrichit le nouveau monument de verrières célèbres, dont l'une nous apprend que l'œuvre de l'illustre peintre fut achevée le 25 juin 1513 (1). (Voir p. 162, *note.*)

Peu de temps après, d'autres artistes sculptèrent les inimitables stalles du chœur, sous le pontificat des cardinaux François-Guillaume de Clermont-Lodève et François III de Tournon. Tous ces chefs-d'œuvre sont comme autant d'hymnes chantés à la gloire de *Notre-Dame d'Auch* dont la statue miraculeuse fixée sur un support en pierre, ménagé au-dessus de la galerie à balustres, entre les deux piliers du pan terminal du chevet du chœur, présidait aux exercices des chanoines et recevait les hommages de la foule, qui ne cessait de proclamer sa divine puissance.

Une machine mue au moyen de poulies et de câbles permettait de descendre la sainte image pour l'exposer à la vénération des fidèles, à des époques précises de l'année. Divers mandements des archevêques d'Auch, par exemple en 1712, 1737, 1770, 1771, 1773, permirent de *descendre* la Vierge miraculeuse pour demander la cessation de certains fléaux. Ce fut toujours avec succès. Voilà comment le culte de *Notre-Dame d'Auch* devint universel, dans toutes les paroisses.

La Révolution s'acharna contre l'image miraculeuse. Un jour, des forcenés l'arrachèrent de son trône de gloire et la brisèrent contre le sol de la cathédrale. Ses débris, recueillis par des mains sacrilèges, furent jetés dans le *Brasier philosophique*, allumé sur la place publique et dans lequel on entassa les archives du chapitre métro-

(1) *Lo XXV de iun MVCENSXIII fon acabades las presens berines*, dit la légende romane de la verrière de la chapelle du *Saint-Esprit.*

politain. Ces faits sont attestés par une lettre de Cavaignac, représentant du peuple. Elle fut adressée d'Auch à la Convention et lue à la séance du 11 frimaire de l'an II. On peut la voir dans le *Moniteur* de cette époque.

L'image sainte de la Mère de Dieu avait pu disparaître, mais son souvenir demeura vivant dans le cœur des fidèles, qui se hâtèrent, à la restauration du culte, en 1801, d'aller offrir leurs vœux à une image ancienne, qui prit la place de l'antique statue dévorée par les flammes. Le ciel s'est plu à ratifier cette substitution, en multipliant les prodiges demandés à sa Reine.

Napoléon Ier visita *Sainte-Marie d'Auch*, le 24 juillet 1808 et voulut honorer sa patronne, qu'il pria, en destinant des sommes importantes à la restauration de notre magnifique métropole, dont le chœur possède une stalle destinée au chef de l'Etat. C'est la *stalle de la couronne*.

M. l'abbé Canéto a consacré des travaux importants à *Sainte-Marie d'Auch*, dont nous avons, à notre tour, étudié l'histoire dans une série d'articles parus dans la *Semaine Religieuse* du diocèse, sous le titre : *Notre-Dame d'Auch*.

Disons, en terminant, que Mgr de Trapes, en donnant la Vierge pour protectrice à son diocèse, le plaça pour le centre, sous le vocable de *Notre-Dame de Pitié d'Auch* et non de *Sainte-Marie d'Auch*. « Prima pars, dit-il dans les Constitutions de « 1624 (p. 11), sacrabitur Nostre Domine de Pietate « auscitanæ et complectetur archipresbiteratus « quinque. » Ce qui veut dire : La première partie du diocèse sera dédiée à *Notre-Dame de Pitié d'Auch*. Elle comprendra cinq archiprêtrés.

Il y eut une chapelle de *Notre-Dame de Pitié*, au sud de la cathédrale d'Auch, dans le cloître des chanoines de la métropole. Il ne peut être question de celle-là, dans les *Ordonnances* de 1624, qui visent, plutôt, la Vierge honorée sous le même titre, dans la basilique auscitaine, où deux chapelles du chevet rappellent la *Transfixion* de la Mère de Dieu. Au nord, c'est *Notre-Dame de Pitié*, et, au midi, la *Compassion,* ou *Notre-Dame des Douleurs.*

III. — **Notre-Dame de Garaison.**

Au moyen âge, GARAISON, situé dans la juridiction d'une modeste ville appelée Monléon, n'était qu'un vallon agreste et sauvage, à peine habité par de pauvres paysans abrités sous des cabanes qui n'avaient pour toiture qu'un misérable chaume. C'est là, cependant, que la Reine du ciel daigna se montrer à une humble enfant, âgée d'une douzaine d'années, vers le commencement du XVIᵉ siècle vers 1500, dit-on.

Anglèze de Sagazan, était le nom de la petite bergère privilégiée qui, pleurant, un jour, à quelques pas de sa maison et sur le bord d'une fontaine, où elle trempait son pain noir et desséché, gardait le troupeau de moutons de son père, réduit à la misère. Soudain, une grande et ravissante Dame, vêtue d'un long manteau blanc comme la neige, s'offrit à ses regards étonnés. — « Je suis la Vierge « Marie, Mère du Sauveur, lui dit l'Apparition. Ne « crains pas. Je te promets, ainsi qu'à ta famille, « une assistance qui ne finira plus. C'est ici que « je veux accomplir des merveilles qui rempliront

« la terre de l'éclat de mon nom et feront de ce lieu
« l'endroit le plus fécond du monde en prodiges
« de toute sorte (1). Pourquoi pleures-tu? ajoute
« la Vision, je veux vous secourir, toi et ta famille. »

Puis, la Vierge charge l'enfant d'aller dire à son père de faire part de son apparition aux consuls et aux prêtres de Monléon et de leur demander de lui élever une chapelle au lieu même où elle s'est montrée, près de la fontaine qui coule en cet endroit. On trouvera une statue miraculeuse, dans le buisson voisin de cette source, avait ajouté la Dame en parlant à l'enfant.

Anglèze obéit aussitôt. Mais les consuls et le clergé de Monléon refusent de croire à la parole du père de la bergère, qui retourne alors au lieu de l'apparition pour annoncer à la Vierge l'insuccès du message. C'est alors que la Mère de Dieu convertit le pain noir de l'enfant en un pain délicieux et que le coffre de sa famille s'emplit, à son tour, d'un pain très blanc et succulent.

A la vue de ce prodige, la foule crut à la mission d'Anglèze, et bientôt, on découvrit, selon la promesse de la Vision, l'image de la Vierge, dans un buisson éclatant de lumière. Aussitôt, une immense acclamation fait retentir les airs (2). Une chapelle sera élevée là, à la gloire de la Mère de Dieu.

Elle ne tarda pas, en effet, à surgir du sol. Mais

(1) Nous empruntons cette légende à la traduction du poème latin du P. Aubery, auteur d'un travail paru en 1619, sous le titre *de Diva Virgine Garazonia*. Nous en avons publié la traduction dans notre livre : *Berceau des Pères de Lourdes*. (Paris, chez Palmé.)

(2) D'après le *Lys du Val de Garaison*, écrit par Molinier, la Vierge aurait apparu trois fois à Anglèze de Sagazan.

la multitude des pèlerins attirés par les prodiges accomplis dans l'oratoire primitif, furent si éclatants et si nombreux que, grâce aux dons des pieux visiteurs, on put lui substituer, en 1536, la magnifique chapelle ogivale qu'on voit encore à Garaison. Elle fut achevée vers l'an 1540, d'après le *Lys du Val de Garaison*. (2ᵉ édition, p. 144.) Mgr de Trapes la consacra le 16 octobre 1616.

Nous venons d'écrire le nom de l'un des bienfaiteurs insignes du sanctuaire de Garaison, ruiné par les bandes protestantes du capitaine de Sus (vers 1592 ou 1593), qui essaya vainement de réduire en cendres la statue miraculeuse. Mgr de Trapes confia le relèvement du pèlerinage à Pierre Geoffroy, qui s'associa de vaillants collaborateurs à la tête desquels nous voyons (de 1605 à 1607) Godefroy de Rochefort et Hubert Charpentier, qui luttent contre les abus commis dans le sanctuaire, désormais confié à douze chapelains chargés de son service.

Leurs successeurs furent dignes de leurs vertus. Aussi, la Révolution essaya-t-elle inutilement, en 1791, de leur arracher le *Serment de fidelité à la Constitution civile du clergé*. Tous quittèrent la chapelle le 9 mai 1792.

Mgr Laurence, évêque de Tarbes, rétablit le sanctuaire de Garaison dont il recouvra la chapelle et les bâtiments adjacents, par acte du 26 janvier 1834. Grégoire XVI approuva cette nouvelle fondation en 1839. Depuis lors, une légion de saints missionnaires s'y voua au culte de la Vierge (1).

(1) Voir notre ouvrage : *Le Berceau des Pères de Lourdes*. — Paris, chez Victor Palmé, 1883. — Grand in-8° de 325 pages.

IV. — **Notre-Dame d'Aignan.**

La première mention que nous trouvons de *Notre-Dame d'Aignan*, est dans l'ouvrage manuscrit du P. Mongaillard, partiellement conservé dans les archives du Grand Séminaire d'Auch et à la bibliothèque de Toulouse. Le docte Jésuite (chapitre XIII, folio 75 verso) dit que la Vierge a élu domicile, dans notre diocèse, non seulement à Auch, mais encore sur quatre autres points, où elle est vénérée dans des temples élevés à sa gloire. Ces divers sanctuaires sont : à l'est, près de Gimont, *Notre-Dame de Cahusac*, au midi, *Notre-Dame de Garaison*, au nord, *Notre-Dame de Pibbèque*, et, enfin, à l'ouest, près d'Aignan, *Notre-Dame d'Aignan* (1).

Ces édifices furent respectés par les bandes calvinistes, raconte Montgaillard. Mais la Révolution en supprima plusieurs. De ce nombre fut *Notre-Dame d'Aignan*, qui s'élevait à l'est de la ville, à une distance de 600 mètres environ, au lieu dit encore *La Chapelle*. On y voit une croix qui rappelle le souvenir de l'oratoire, conformément aux prescriptions synodales du diocèse d'Auch. (*Ordonnances* de 1624, p. 112.)

M. Parfouru nous apprend, à la page 333 de *l'Annuaire du Gers* de 1888, que la toiture fut enlevée pendant la période révolutionnaire et que les murs *encore dominés par la voûte en planche*, furent l'objet d'une vente publique. Ce renseignement nous paraît sûr ; il est puisé aux archives du

---

(1) *Ad occidentem tertium (templum) est situm prope Anianam urbem, ab illa nomen trahens etc..*

Gers. Comment le concilier avec ces lignes de
M. Monlezun, dans le *Supplément* de son *Histoire
de la Gascogne,* p. 626 ?

« Nous ne savons rien du sanctuaire d'Aignan,
« joli et élégant édifice *à voûte hardie qui avait
« traversé la tempête révolutionnaire* et que nous
« avons vu détruire dans notre enfance, alors
« qu'on pouvait si facilement le sauver. »

On peut conclure du manuscrit du P. Mongaillard qui écrivait, vers 1620, et des *Statuts* de Léonard de Trapes, en 1624, qu'au début du xviie siècle,
Notre-Dame d'Aignan était en grand renom. Son
importance était la même, en 1672, puisque le
Pouillé du diocèse d'Auch, rédigé à cette époque,
mentionne *Notre-Dame d'Aignan* à la page 151 et
fait suivre son nom de cette remarque : « C'est une
chapelle dévote fort fréquentée. »

Si Brugèles ne signale pas *Notre-Dame d'Aignan,*
à la page 381 de ses *Chroniques du diocèse d'Auch,*
cela tient à ce que le *Pouillé du diocèse d'Auch* de
1729, qui lui servit de guide pour la *Troisième
Partie* de son ouvrage, n'en parle pas non plus.

Ne se trouvera-t-il pas, à Aignan, un ami de
Notre-Dame pour demander aux archives du pays,
des documents précis sur le sanctuaire détruit ?

V. — **Notre-Dame de Cambré.**

Peu de noms furent plus défigurés que celui de
Cambré, chapellenie de la paroisse de Meylan
(Meillan), autrefois unie au chapitre de Sos. Le
Livre rouge du chapitre d'Auch écrit *Cremey.*
Arnaud Claveria l'appelle *Cambreil,* dans le pro-

cès-verbal dont il fut chargé par l'archevêque
d'Auch, en 1545, à l'occasion de la construction du
collège d'Auch. Parmi les papiers que nous avons,
nous-même, consultés dans la maison de *Cambreil*,
voisine de l'emplacement de l'antique chapelle,
maintenant occupé par un four, nous avons lu,
tantôt *Crambeil*, tantôt *Cambieil*, *Cambreil* et *Cam-
breuil*.

Peu importe le mot. Ce qui est certain, c'est que
Notre-Dame de Cambré ou *Cambreil* fut une chapelle de dévotion célèbre au XVIIe siècle, puisque
Mgr Léonard de Trapes la donna pour patronne,
en 1624, à la partie septentrionale de son diocèse.
Le P. Mongaillard, *qui écrirait vers 1620* (1), ne
nomme pas Notre-Dame de Cambré dans le chapitre XIII du deuxième cahier du tome I de la *Descriptio Vasconiæ*. Cette page de son précieux
manuscrit a pour titre : *Virgo Maria Patrona
Auscorum et de Templo auscitano aliisque quatuor
templis Virgini Deiparæ dicatis*. Les églises vouées
à *Notre-Dame* aux quatre points cardinaux du
diocèse sont : Garaison, Cahuzac, Aignan et *Pibèque*. Le docte Jésuite, auteur de la *Descriptio
Vasconiæ*, restée manuscrite, ignorait-il la pré-
férence accordée par l'archevêque d'Auch à *Notre-
Dame de Cambré*, qui lui aurait paru moins importante que *Pibèque?* Ce n'est pas probable. Les
Statuts, publiés en 1624, l'auraient vite renseigné.
Le diocèse ayant, au nord, deux sanctuaires également célèbres, Mongaillard, par inadvertance,
sans doute, ne mentionne que celui qu'il connaît le
mieux, apparemment, c'est-à-dire *Pibèque*. C'est ce

(1) Note sans **précision** sur la couverture des cahiers
de Mongaillard (Séminaire d'Auch).

qui explique comment Brugèles *(Chroniques du diocèse d'Auch*, p. 14), qui s'est abondamment servi des manuscrits de Daignan du Sendat rédigés, eux-mêmes, d'après les travaux du P. Mongaillard, a mis *Notre-Dame de Pibèque* parmi les Vierges pro-tectrices du diocèse d'Auch, au lieu d'y faire figurer celle que l'archevêque avait choisie, à bon escient, officiellement, pour cette céleste mission, c'est-à-dire *Notre-Dame de Cambré*.

Qu'on ne croie pas, surtout, que la Vierge de Pibèque a pris la place de *Notre-Dame de Cambré*, parce que celle-ci aurait disparu. Le 14 juin 1714, M. Bernard d'Aspe, chanoine de Sainte-Marie d'Auch, étant devenu archidiacre de Sos, par la volonté du chapitre d'Auch, fit la visite canonique de *Notre-Dame de Cambreil*. Or, il déclare cette église « belle et bien bastie, le sanctuaire bien « carrellé et voutté, la nef lambrissée, etc... » Tout le reste était à l'avenant. Faudrait-il admettre que Mgr de Trapes remplaça *Cambré* par *Pibèque?* Des preuves!...

En attendant qu'un document indiscutable nous montre la substitution de *Notre-Dame de Pibèque* à *Notre-Dame de Cambré* pour la protection du diocèse d'Auch, dans la région du nord, nous respecterons la décision synodale de Mgr de Trapes, qui persé-véra jusqu'à la Révolution, époque de la destruc-tion du sanctuaire de Cambré, d'après l'enquête que nous fîmes naguère dans le pays dont il fut si longtemps la gloire et le palladium assuré.

Notre-Dame de Pibèque (1), dans la paroisse d'Areich, subit le même sort que l'église de

(1) Voir notre étude : *Castelnau-d'Auzan* et *Notre-Dame de Pibèque.* — Auch, chez Soulé, 1893.

Cambré. Sa chapelle vient de sortir de ses ruines et de se relever, non sur l'emplacement de l'antique oratoire, mais au-dessus de la fontaine qui coule à quelques pas de là.

Légende de Notre-Dame de Pibèque. — Autrefois, raconte la foule, un berger observa que l'une des vaches de son troupeau qui allait boire à la fontaine de *Bouyre*, ne mangeait jamais, et que, cependant, elle était la plus belle du troupeau. On voulut connaître la cause du prodige. La source fut sondée avec soin. Elle contenait une statue de la Vierge qu'on vint invoquer de toutes parts et qui multiplia les miracles dans la chapelle bâtie en son honneur sous le nom de *Pibèque.* — C'est la légende de *Tudet !...*

VI. — **Notre-Dame de Biran.**

Biran est un charmant village féodal fortifié, bâti en arc de cercle sur la cime d'une colline qu'il couronne. Deux portes en fermaient l'entrée. L'une est au levant. Elle est encore dominée par une tour qui, depuis bien longtemps, sert de clocher à l'ancienne église paroissiale dédiée à saint Martin. L'autre est au midi, en avant des soubassements et des ruines de l'antique château seigneurial dont il ne reste qu'une tour.

Au pied de ce donjon, au couchant du village, se trouvait jadis un grand arbre, un bel ormeau, dit-on. Or, une nuit, une jeune fille très vertueuse, d'une famille voisine, vit l'arbre resplendir d'un merveilleux éclat. Saisie d'étonnement et incapable de s'expliquer un prodige si frappant, elle courut en toute hâte chez le curé de la paroisse pour l'informer de ce qui se passait.

Suivi d'une foule de fidèles, le prêtre se rendit, aussitôt, au lieu de la vision. Tous admirèrent les brillants rayons de lumière partis de l'arbre et illuminant d'une radieuse clarté une petite statue de la Vierge Marie établie sur le tronc. La Mère de Dieu portait à son cou une croix de pierres blanches, brillantes comme des perles.

Le prêtre, agenouillé auprès de l'arbre, pria avec ferveur. Puis, s'étant relevé, il appliqua une échelle contre l'ormeau pour y prendre l'image de la Vierge et la porter dans l'église paroissiale, où les fidèles viendraient la vénérer.

La nuit suivante, la statue, rayonnante de lumière, avait reparu sur l'ormeau de l'apparition.

Par les soins du curé, elle reprit sa place à la paroisse. Ce fut encore en vain. L'expérience inutile, tentée pour la troisième fois, décida le pasteur à bâtir, au lieu même du prodige, une chapelle en l'honneur de la Vierge.

Telle fut l'origine du pèlerinage de *Notre-Dame de Biran*, qui, depuis ce moment, multiplia les faveurs du ciel dans toute la contrée. Le pieux sanctuaire reçut de bonne heure les offrandes des cœurs reconnaissants. La plus ancienne que nous connaissions est un legs fait en sa faveur par Guillaume de Castera, prêtre de Biran, qui fit sa donation entre 1473 et 1483. Une copie fautive de son testament porte la date de *1402*. (Voir p. 178, *note*.)

Une chapelle s'était élevée sur le théâtre de l'apparition, par la faveur de Mgr Léonard de Trapes, archevêque d'Auch. L'oratoire devint plus célèbre encore, lorsque deux pèlerins de Biran, Bernard Cornac et Philippe de Lepin, déposèrent dans l'église de Biran une statue de *Notre-Dame del*

Pilar, qu'ils avaient apportée de leur lointain voyage à Saragosse.

C'était au xviie siècle. Mgr de Lamothe-Houdancour, archevêque d'Auch, autorisa la translation de cette sainte image dans l'oratoire de *Notre-Dame de Biran* (23 juillet 1663), que M. Savoye, curé de la paroisse, transforma en une grande et belle église (jurade du 9 août 1671). Elle est devenue le siège de la paroisse de Biran, au xixe siècle.

L'église de *Saint-Martin* s'était écroulée, en 1816. Biran continuait, cependant, à suivre les offices du dimanche dans ses ruines, un peu réparées en 1827, grâce aux largesses de l'Etat. Les restaurations furent jugées insuffisantes. Bientôt, la suppression de *Saint-Martin* fut consacrée par un décret du 22 mars 1838. La chapelle de *Notre-Dame de Biran* resta définitivement église paroissiale.

Pie IX se plut à accorder des indulgences à la sainte chapelle (4 mai 1866), où, chaque jour, se multiplient les faveurs de la Vierge.

M. l'abbé Monlezun a consacré quelques pages à *La dévote chapelle de Biran*. C'est le titre de son opuscule. Nous avons écrit sur le même sujet un volume in-12 de 320 pages, édité par M. Cocharaux, à Auch : *Notre-Dame de Biran, histoire seigneuriale et paroissiale*, 1896.

VII. — **Notre-Dame du Cédon.**

Il est inutile de tenter d'indiquer les origines du pèlerinage de *Notre-Dame du Cédon* : les documents font défaut. Mais tout permet d'affirmer que ce sanctuaire est très ancien. En 1516, il possède quelques revenus qui vont toujours en augmentant.

Ils atteignent le chiffre de 23 livres 6 sous 8 deniers, à la fin du XVIᵉ siècle.

La peste de 1630-1631 contribua puissamment à augmenter le prestige de *Notre-Dame du Cédon* ou de *l'Annonciation*. Auch avait perdu plus de 3,500 habitants, *intra muros*. Pavie tremblait à la pensée que le fléau pouvait franchir ses murs. Ses craintes ne furent que trop fondées. Le fléau causa, dans cette ville, une effrayante épidémie qui faucha les habitants sans distinction de rang, depuis le mois de décembre 1630, jusqu'au mois de mars 1631.

C'est alors, qu'à l'appel du clergé paroissial, la foule se décide à faire un vœu perpétuel à *Notre-Dame du Cédon* (23 mars 1631). Il fut accompli par-devant notaire, le 25 mars 1631, et le mal disparut par miracle. Le 4 avril 1768, la ville de Pavie, menacée d'une nouvelle épidémie, demanda à l'archevêque l'autorisation de reprendre l'accomplissement du vœu de 1631, en permettant au curé de la paroisse de conduire les fidèles au sanctuaire de la Vierge, et de porter le Saint-Sacrement à la procession, comme ce fut l'usage jusqu'en 1745.

Témoins des prodiges accomplis par la Vierge du Cédon, Antoine d'Aure et sa famille donnèrent tous leurs biens (après décès), à la chapelle miraculeuse et y choisirent leur sépulture. (Testaments du 21 septembre 1714 et du 27 juillet 1740.)

A l'époque de la Révolution, la chapelle de *Notre-Dame du Cédon* subit le sort commun des édifices religieux : elle fut pillée, d'abord, par arrêté du District d'Auch, le 9 mai 1792 et Malarmé, représentant du peuple dans le Gers, en ordonna la destruction, le 14 vendémiaire de l'an III. Quinze jours plus tard, l'édifice tombait sous le pic démolisseur des vandales de la localité (28 vendémiaire an III). Le pieux monument sortit de ses ruines en 1836, grâce aux libéralités des habitants de Pavie et des bienfaiteurs de la contrée. Mgr d'Isoard, archevêque d'Auch, en fit la bénédiction le 25 mars 1837.

M. Laffargue, curé de Pavie, s'est fait l'historien de la chapelle du Cédon, après avoir largement contribué à sa complète restauration. Son opuscule a pour titre : *La dévote chapelle de Notre-Dame du Cédon, près Pavie* (Gers).

Légende. — Si l'on veut connaître la cause occasionnelle du sanctuaire du Cédon, voici ce que raconte la foule, d'après une antique tradition : C'est un peu la légende de *Notre-Dame de Buglose*, dans les Landes. Un fermier du voisinage avait observé qu'un de ses bœufs prenait beaucoup d'embonpoint, bien qu'il ne broutât que quelques feuilles d'un ormeau qu'il rencontrait sur son passage, en se rendant au pâturage. S'étant approché de cet arbre, il aperçut, un jour, sur les branches, une petite statue de la Vierge-Mère. Une chapelle s'éleva près de l'ormeau : le pèlerinage était fondé !

VIII. — Notre-Dame de Gaillan.

Dans un vallon, au sud de Puycasquier, se montre la chapelle de *Notre-Dame de Gaillan*, qui fut le siège de la paroisse, avant la construction, au moyen-âge, de la petite ville féodale, établie au nord, sur la croupe de la colline dominée par le haut clocher communal. N'est-ce pas au xive ou au xve siècle qu'aurait été bâtie l'église de *Notre-Dame de Gaillan?* Ce qui reste de l'ancien édifice reconstruit et agrandi, sans art, le laisserait supposer aisément.

On croit que le culte de *Notre-Dame de Gaillan* remonte à une époque très reculée, où la peste ravageait le pays. Le peuple, effrayé, invoqua avec foi la Vierge de Gaillan, dont il porta la statue autour des murs de la ville, au milieu d'un immense cortège de fidèles suivis des consuls en livrée. Dès que la sainte image eut franchi le seuil de la porte d'entrée de Puycasquier, le fléau s'arrêta. L'événement eut lieu le 27 avril d'une année qu'on ne peut préciser. Depuis ce jour, la statue de la Vierge devint l'objet de la vénération de toutes les paroisses du voisinage.

Le *Pouillé du diocèse d'Auch*, rédigé en 1672, dit (p. 365) à propos de l'église de *Gaillan* (corrupiton du mot *Gajan*, nom du sanctuaire, qu'on prononçait *Gayan)* : « *Nostre-Dame de Gajan, à Puycasquier, est une chapelle votive où il y a grand concours.* »

Ce concours cessa pendant la Révolution qui détruisit, en grande partie, le sanctuaire de la Vierge. La chapelle commença à se relever de ses ruines, en 1803, grâce au zèle de M. Descat, curé de la paroisse, et aux aumônes de quelques généreux chrétiens. Depuis ce moment, le pèlerinage de *Notre-Dame de Gaillan* a repris son éclat primitif. Tous les ans, on voit la foule des pèlerins accourir auprès de la Vierge qui domine l'autel de l'oratoire miraculeux.

En 1857, M. l'abbé Monlezun, auteur de l'*Histoire de la Gascogne*, publia, au profit du sanctuaire, une brochure in-12 de 36 pages. Elle a pour titre : *Notice historique de Notre-Dame de Gaillan.* (Auch, chez J -A. Portes, imprimeur.)

IX. — **Notre-Dame de Tudet.**

A une époque très lointaine, des bergers de Gaudonville observèrent qu'un de leurs bœufs ou mieux qu'un taureau de leur troupeau mangeait très peu et l'emportait cependant sur les autres par son embonpoint. L'animal avait coutume de s'abreuver à une fontaine, dans laquelle on ne tarda pas à découvrir une statue de la Vierge qui devint, aussitôt, l'objet de la vénération universelle. Le lieu de l'invention de l'image s'appelait *Tudet*.

Vivian, vicomte de Lomagne, fit bâtir une chapelle en l'honneur de Marie, sur le théâtre du prodige. On croit que ce fut entre 1152 et 1178. De son côté, Henri II, roi d'Angleterre et suzerain du pays de Lomagne, comme duc d'Aquitaine, éleva une superbe église à *Notre-Dame de Tudet*, à l'ouest du premier sanctuaire. A peine en reste-t-il quelques vestiges. La Révolution de 1793 causa la ruine de ce somptueux édifice, ainsi que des bâtiments adjacents construits par les *Pères de la Doctrine chrétienne*, qui furent chargés du sanctuaire, vers l'an 1617.

L'un des gardiens de la chapelle publia, en 1669, une *Histoire abrégée de la dévote chapelle de Notre-Dame de Tudet*, dite, aussi, de *Protection*. Feu M. Bénac, curé de Sainte-Gemme, consacra quelques pages à ce sanctuaire, en 1875. Elles avaient pour titre : *La dévote chapelle | de | Notre-Dame de Tudet | ou de Protection.* | (Auch, chez Félix Foix. In-8° de 16 pages.)

A son tour, M. Sommabère, curé de Gaudonville (Gers), a donné, en 1894, une notice sur *Notre-Dame de Tudet ou de Protection*, imprimée à Toulouse et formant un petit volume in-12 de xiv-218 pages. Ce travail a pour base les anciens écrits relatifs à *Notre-Dame de Tudet*. Toutefois, l'auteur l'a enrichi d'une foule de détails inédits, qui le rendent précieux.

X. — **Notre-Dame d'Esclaux.**

Comme ailleurs, un prodige marque, ici, les origines du pèlerinage de *Notre-Dame d'Esclaux*, sans qu'on puisse préciser l'année du fait miraculeux. On raconte qu'un bœuf allait, se dérobant à la vigilance du pasteur, s'agenouiller, souvent, près d'un buisson, qui se montrait dans la prairie du seigneur de Saint-Mézard. Frappés de cette persistance de l'animal, le berger creusa la terre, aidé de quelques compagnons, et mit à jour une belle statue de la Vierge que le seigneur, noble d'Esparbès de Lussan, se hâta d'abriter dans une modeste chapelle, près de laquelle ne tarda pas à couler une fontaine, où les fidèles du pays venaient boire à longs traits. Les miracles se multipliaient, chaque jour, au témoignage de la tradition locale.

Notre-Dame des Claux (sic) était connue dans tout le Fezensaguet, aussi bien qu'en pays agenais. Elle fut même trop connue, car les huguenots, durant les guerres de la Ligue, la ruinèrent de fond en comble. La noble famille qui l'avait construite à ses frais, voulut la rebâtir. L'œuvre était achevée en 1626, puisqu'un document de cette époque, publié par la *Revue de Gascogne* (t. vii, p. 147), parle de la restauration de l'édifice « depuis quelques années », par les soins de la famille d'Esparbès et de M. Rison, curé de Saint-Mézard. Pons d'Esparbès de Lussan ajouta à ses libéralités précédentes, (23 avril 1626), le don de terres voisines de la chapelle « pour exciter les gens de bien à l'imiter. »

Ruiné par la Révolution, le pèlerinage de *Notre-Dame d'Esclaux* reprit, après la tourmente, et ne cessa d'attirer les fidèles du Gers et du Lot-et-Garonne. La chapelle ne tarda pas à être trop étroite pour les foules qui s'y succédaient. M. Coutin, missionnaire de *Notre-Dame d'Auch*, entreprit la reconstruction et l'agrandissement du pieux édifice, devenu, maintenant, une superbe église, près de laquelle se montre un beau *Calvaire* inauguré le 30 avril 1865.

M. Couture a publié une étude de 10 pages sur le sanctuaire de *Notre-Dame d'Esclaux*. (Cfr. *Revue de Gascogne*, t. VII, pp. 145-154.)

XI. — **Notre-Dame de Piétat, à Condom.**

L'époque précise de la fondation de Condom est encore l'objet des conjectures de l'histoire. Mais, soit que son origine remonte à la distribution faite par Eudes des terres de ce nom à quelques seigneurs du pays, soit qu'elle appartienne à une période plus récente, la plus vieille chronique de l'abbaye de Condom rapporte qu'un duc d'Aquitaine, du nom d'Algasius, fit hommage à Dieu du territoire où la ville allait s'élever plus tard. Le ciel se plut à bénir ce point qui devait être, un jour, le siège d'un évêché. La Mère de Dieu reçut spécialement les honneurs de la foule, sur la rive gauche de la Baïse, dans la juridiction de Saint-Jacques, l'une des neuf paroisses de Condom.

Lorsque, après avoir dépassé le pont de *Barlet*, on s'engage sur la route de Nérac, on rencontre, à l'angle de l'allée de la gare, une chapelle bien connue des fidèles. C'est *Notre-Dame de Piétat*. Jadis, elle se trouvait au point de raccord des deux routes de Mézin et de Nérac. Elle fut substituée à une croix, qui s'élevait, en cet endroit, non loin d'un champ dans lequel on voyait une statue de *Notre-Dame de Pitié* établie sur une branche d'aubier.

Or, il arriva qu'un jour, au début du xvie siècle, selon toute apparence, un bourgeois du faubourg de Barlet, à Condom, connu sous le nom de Bérenjon, fut surpris, en cet endroit, par un terrible ouragan. La foudre tomba même aux pieds de sa monture, et le jeta par terre. Le cavalier se releva : il n'avait aucun mal !

S'étant mis à genoux, Bérenjon, rapporte la légende, bénit Dieu de l'avoir sauvé et remercia la Vierge, dont l'image était sous ses yeux, promettant par vœu de bâtir en cet endroit un oratoire à la Mère de Dieu, à titre de reconnaissance.

La chapelle prit le nom de *Notre-Dame de Piétat*, avant l'année 1545. Ce sanctuaire ne tarda pas à s'élever du sol par les soins de Bérenjon et, aussitôt, les prodiges se multiplièrent dans la dévote chapelle. De toutes parts, on venait prier dans le pieux sanctuaire. La paroisse de Condom s'y rendait elle-même en pèlerinage, tous les ans, le soir de la fête de Pâques.

En 1569, *Notre-Dame de Piétat* fut saccagée par les hordes de Montgommery, qui dévastèrent tout le diocèse de Condom. Lorsque le sanctuaire se fut un peu relevé, les quatre fabriciens qui l'administraient sollicitèrent de la ville la faveur de lui donner de plus grandes proportions, car c'est à peine si, jusqu'en 1611, époque de cette requête, cinquante personnes pouvaient s'y grouper au temps des grands concours de visiteurs. Les jurats de Condom répondirent favorablement à la demande, à condition, cependant, que la nouvelle construction n'offrirait aucun danger, sur ce point, pour la défense de la ville.

Mgr Du Chemin, évêque de Condom, voulut en faire lui-même la bénédiction et y établir un chapelain (16 août 1612). Les consuls de Condom revendiquèrent le droit de doter la chapelle pour l'entretien d'un titulaire. Ils se montrèrent très agressifs contre le prélat, qui se réfugia dans son domaine de Cassaigne.

L'oratoire agrandi de *Notre-Dame de Piétat*, est la chapelle actuelle, voisine de la gare. Deux prêtres, Nicolas Pasquier et Pierre Lassus, reçurent de Mgr de Cous l'autorisation d'en faire le service, en qualité de chapelains (5 février 1628). Il y eut un plus grand concours de pèlerins. Les chapelains ne tardèrent pas à s'établir auprès de *Notre-Dame de Piétat*, qui, chaque jour, prenait de nouveaux développements. Au mois d'août 1633, fut fondée, du consentement de l'évêque de Condom, la *Société perpétuelle des Chapelains de Piétat*, alors composée de trois membres. La même année, un bref du pape Urbain VIII accorda une indulgence plénière aux fidèles qui feraient le pèlerinage de *Piétat* (14 septembre 1633).

On choisit l'Assomption pour fête principale du sanctuaire.

Nicolas Pasquier jugeant, avec raison, que sa

Société de chapelains ne lui survivrait pas, proposa à Mgr d'Estrades, évêque de Condom, de donner le pèlerinage aux *Prêtres de la Mission*, qui pourraient, en même temps, s'occuper de la formation des clercs, conformément aux prescriptions du Concile de Trente.

L'offre fut acceptée. Rizon retint l'acte de donation du pieux chapelain, le 22 janvier 1650. Que se passa-t-il ? Les *Prêtres de la Mission* n'étaient pas encore à Condom, en 1655. M. Pasquier proposa à l'évêque de leur substituer les religieux de *Saint-Jean de Dieu*, ce qui fut accepté, en vertu d'un accord signé le 9 juillet 1655.

Ainsi, se trouvait assuré l'avenir du sanctuaire qui attirait des multitudes de pèlerins de tous les points du diocèse de Condom et d'ailleurs.

Beaucoup de visiteurs, avant de repartir, allaient boire et se laver à la *Fontaine du Teu* ou de la *Tuile* qui coulait près de la Baïse, à quelques centaines de mètres de la chapelle de *Notre-Dame de Piétat*. La foule attribuait une vertu extraordinaire à une source qui avait presque entièrement disparu, mais qu'on vient de retrouver un peu plus haut au-dessus de l'ancienne fontaine. Elle est très abondante.

Qu'on ne suppose pas que la source du *Teu* ait jailli au temps du prodige que nous avons signalé. Mais elle est connue en 1506.

Piétat avait pour supérieur, en 1792, le P. Bourjot, qui administrait l'hôpital. L'image miraculeuse de la Vierge fut détruite, pendant la Révolution, qui, néanmoins, laissa intacte la confiance de la foule envers *Notre-Dame de Piétat*.

Dès que le culte fut rétabli, les pèlerins revinrent

à la dévote chapelle avec le même empressement qu'aux époques les plus brillantes de son passé. Une ordonnance du 22 août 1805, signée de la main de Mgr Jacoupy, évèque d'Agen et d'Auch, rétablit officiellement le culte de *Notre-Dame de Piétat*, dont l'hôpital fut supprimé en 1818. Les bâtiments furent vendus aux *Filles de Marie* d'Agen, par acte passé, en 1824. Le rétablissement du pèlerinage de *Piétat* était désormais affirmé. Il a survécu au départ des saintes religieuses rappelées dans leur maison-mère d'Agen.

Nous devons la plupart de ces détails à un opuscule de feu M. l'abbé Ferran, publié par Dupouy, à Condom (1887, in-12 de 288 pages) avec le titre : *La dévote chapelle de Notre-Dame de Piétat, à Condom.*

XII. — **Notre-Dame de Tonnetau.**

Si nous suivons la petite route qui, de Gondrin, se dirige vers Lagraulet, nous rencontrons, à une distance de 1,500 à 1,600 mètres, une gorge boisée ou mieux un gracieux vallon, dont le sifflement des machines de la voie ferrée voisine vient seul, de temps en temps, troubler la solitude. C'est TONNETAU, « quy a toujours esté regardé comme un lieu saint », dit un document de 1719 que nous avons analysé, il y a bien des années. Depuis, la *Semaine religieuse d'Auch* l'a publié dans son numéro du 15 août 1896 (XXIVe année, p. 493).

Toujours n'est pas une indication bien précise, dans le *Glanage* de M. Daignan du Sendat, déposé aux archives de l'Archevêché d'Auch. La date la plus ancienne fixée jusqu'à ce jour, où le pèlerinage de *Tonnetau* se présente déjà avec quelque célébrité, est celle de 1600 environ. La *Semaine religieuse d'Auch* (1) parle, en effet, de « détails mentionnés dans les actes publics dès l'an 1600 ».

Ce qui nous frappe, c'est l'analogie qui existe entre la légende de ce sanctuaire et celle de *Notre-Dame de Garaison*. N'est-ce pas à la même époque, c'est-à-dire au XVIe siècle, que les deux pèlerinages prirent naissance ? En tout cas, voici les faits qui auraient donné lieu au culte de *Notre-Dame de Tonnetau*.

La tradition rapporte qu'à une époque très lointaine, une belle Dame rayonnante de clarté apparut à un jeune berger de la maison de *Lartet,* qui gardait un petit troupeau de vaches. L'enfant pleurait. — « Pourquoi ces larmes ? » lui dit la Vision. — « Je meurs de faim, répondit le pâtre, mes parents n'ont plus de pain. » — « Rassure-toi, ne pleure plus, ajouta la Dame. Rentre chez toi, il y a du pain dans ta famille. »

Heureux, l'enfant reprit le chemin de sa maison. Il annonça à ses parents que le coffre du pain était garni. Malgré les menaces et l'incrédulité de sa famille, il insista pour qu'on ouvrît la huche (coffre), qui se trouva remplie de pain !...

Vite, le berger courut vers l'Apparition, mais la Vierge — c'était Elle ! — disparut, aussitôt.

On ne tarda pas à parler du prodige dans toute la contrée. Le peuple vint en foule prier la Mère de Dieu dans le lieu du miracle. Mû par un sentiment de sage réserve, le clergé de Gondrin, cheflieu d'un archiprêtré, n'accueillit qu'avec prudence

(1) Année 1872-1873, 6 septembre 1873 (p. 547).

le bruit de la merveille portée au loin par la renommée.

Un fait étrange ne tarda pas à inspirer d'autres pensées aux prêtres de Gondrin. Passant à cheval sur le théâtre de l'apparition, à *Tonnetau*, l'archiprêtre vit sa bête s'arrêter soudain. C'est en vain qu'il s'efforça de la faire marcher. La monture semblait rivée au sol. Le curé, jusque-là incrédule, estima que ce phénomène était un avertissement du ciel. Le moment était venu pour lui de partager la foi des foules et d'honorer la mère de Dieu, en lui bâtissant un petit sanctuaire sur le théâtre de l'apparition.

Il se mit à l'œuvre. La légende ajoute qu'une statue de la Vierge taillée dans l'arbre (ormeau) du miracle fut placée dans l'oratoire pour recevoir les hommages des pieux visiteurs (1).

C'est sans doute à l'époque où l'hérésie calviniste fit tant de ruines en Armagnac, dans les diocèses d'Auch et de Condom, que l'humble chapelle de *Notre-Dame de Tonnetau* fut ruinée et rasée, comme tant d'autres sanctuaires du pays.

Est-ce pour obéir aux *Ordonnances* synodales de Mgr de Trapes (2), archevêque d'Auch, que le clergé de Gondrin, privé de ressources suffisantes, se décida, plus tard, non pas à rebâtir l'édifice détruit, *mais à planter une croix* sur son emplacement, afin de bien *marquer que ce lieu avait été sacré?* Il paraît difficile de le dire. Mais il est certain qu'en 1667 (*Glanages* de M. du Sendat, à l'Archevêché) un

____

(1) *Semaine Religieuse d'Auch*, 1872-1873, p. 547.
(2) « Qu'on rebâtisse les églises démolies, disent les Statuts de 1624, ou qu'on y plante une croix pour marquer que le lieu a été sacré. »

document authentique affirme que « Tonnetau a
« toujours esté regardé comme un lieu saint, ayant
« servy de cimetière dans le temps de la contagion
« (peste), dans lequel on a veu de tout temps une
« *croix de pierre* dans laquelle on avait ménagé
« une niche ou estoit appozée la figure de la Sainte
« Vierge, auprès de laquelle croix il y a une
« fontaine. »

C'était, sans doute, la statue sculptée avec le
bois de l'arbre de l'apparition, car, pour la protéger
contre les intempéries des saisons, l'archiprêtre de
Gondrin et les marguilliers de la paroisse résolurent «de transporter cette figure dans le crus
« (creux) d'un chêne, pour la mettre à couvert
« du mauvais temps. »

Les prodiges accomplis à Tounetau, aux fêtes
de Pâques de l'année 1719, décidèrent le Curé
de Gondrin à bâtir une chapelle à la Vierge, dans
un endroit où la Mère de Dieu prouvait, chaque
jour, par de nombreux miracles, qu'elle voulait
recevoir les hommages des fidèles. Ayant fait part
de son dessein à la paroisse, la jurade s'assembla,
le 15 octobre 1719, dans le lieu ordinaire de ses
réunions. Elle allait délibérer sur la proposition
de M. Brulx, curé de Gondrin (1).

La Sainte Vierge, dit, en substance, le pasteur au
conseil communal, veut être honorée à Tonnetau
« d'un culte particulier, puisque plusieurs mal-
« lades et infirmes, après lui avoir dressé leurs

(1) Etaient présents à l'assemblée : « Vital Cezeau,
« bourgeois, premier consul; Vital Fonblanc, mᵉ chirur-
« gien, second; Joseph Lalanne, tissier de laine, troi-
« sième ; et Bertrand Duputs, laboureur, quatrième et
« dernier consul, etc., etc. »

« vœux et leurs prières, dans ce saint lieu, y ont
« miraculeuzement recouvert leur santé ou ont
« ressenty un soulagement sensible. »

Il serait donc expédient, ajoute le pasteur, de
construire à *Tonnetau une chapelle ou oratoire*, où
l'on pût élever un autel, afin d'y célébrer les saints
mystères. Ainsi, grandirait la ferveur des fidèles
qu'on voit, déjà, accourir de tous les pays voisins
ou éloignés et que la Reine du ciel se plait à
exaucer « en leur rendant la santé. »

D'ailleurs, la construction de l'oratoire ne serait
une charge pour personne, disent les membres de
la jurade, puisque « M. l'Archiprêtre, toujours zélé
pour la gloire du Seigneur et de la Sainte Vierge et
rempli de charité pour le prochain », offre à cet
effet une somme d'argent qu'il possède. Elle pro-
vient « des dons et libéralités des fidèles, lequel
« suffira pour construire ladite chapelle ou ora-
« toire. »

Toutefois, pour se conformer aux exigences des
lois civiles et des décrets de l'Eglise, on décide,
après acceptation des offres de M. Brulx (Hyacinthe),
archiprêtre, de solliciter de l'Archevêque d'Auch,
l'autorisation d'élever à Tonnetau une chapelle
dédiée à la Vierge et pourvue d'un autel pour la
célébration des saints mystères. Etienne Gour-
raigne, bourgeois de Gondrin, reçut donc mission
d'obtenir les permissions nécessaires pour l'érection de l'oratoire de Tonnetau, dont l'archiprêtre
acceptait les frais de construction, d'entretien et
de décoration *pour le présent et l'avenir*, comptant,
pour cela, sur les dons et les libéralités des fidèles.

On voit, dans les pièces qui composent le volume
manuscrit in-4° de M. Daignan du Sendat, que

M. Laffont, vicaire général de l'archevêque d'Auch, Mgr Jacques Desmarets, répondit favorablement aux vœux des consuls de Gondrin (21 octobre 1719).

Sans perdre un instant, M. Brulx, archiprêtre, fit jeter les fondements du sanctuaire de Tonnetau. qui était complètement bâti au moi de mai 1721, puisque M. Bernard Despiau, archiprêtre de Vic-Fezensac, put procéder, le 21 mai 1721, à la visite canonique de l'édifice, qu'il jugeait apte à être livré au culte.

Du reste, voici l'analyse de son procès-verbal, qui nous indique l'état exact de la chapelle de Tonnetau, dans le premier quart du XVIIIe siècle. Le sanctuaire, bâti en pierre, s'élève au fond d'une colline. L'entrée, placée au nord, présente un grillage à balustres. L'autel est au midi, à cause de la disposition du terrain. « Les murs de la chapelle ont trois pans et demi d'épaisseur, vingt pans de hauteur, trente-deux pans de largeur. » On voulait lui donner une longueur plus considérable, les pierres d'attente le prouvent, sûrement. La toiture était neuve.

L'autel, établi au midi, possédait un beau retable en bois sculpté et l'image de la Vierge dominait le tabernacle. Autour du sanctuaire, se développait un lambris en bois.

A la fin, le procès-verbal parle de l'*Ormière* de Tonnetau. Puis, elle signale une *fontaine abondante*. C'est la source miraculeuse, plusieurs fois mentionnée dans la délibération consulaire de Gondrin, datée du 15 octobre 1719. Ses effets semblèrent plus merveilleux encore qu'à l'ordinaire, à partir des solennités pascales de 1719. Les foules venaient s'y abreuver et y laver leurs membres malades.

La Vierge, disent les consuls, exauçait leur prière en leur rendant la santé. « Elle semblait avoir « attaché la guérison des malades à l'eau de cette « fontaine, de laquelle, par inspiration divine, les « malades prenaient la précaution de s'abreuver et « se laver. »

Depuis ce temps, la source sainte n'a jamais tari. Elle coule, toujours aussi abondante, toujours également efficace et voilà pourquoi, les pèlerins y affluent de plus en plus, surtout depuis que le sanctuaire s'est enrichi d'un nouvel oratoire et d'un établissement de bains alimentés par la source miraculeuse.

A l'exemple des Huguenots, sans doute, les Jacobins de 1793 ruinèrent la chapelle de Tonnetau ; mais, la tourmente à peine passée, l'élan des fidèles vers le pieux sanctuaire se réveilla plus ardent que jamais. A partir de ce moment, les pèlerins purent trouver à Tonnetau les soins réclamés par leur santé. On avait bâti pour eux l'établissement de bains dont nous venons de parler.

Aux missionnaires de *Notre-Dame d'Auch*, revint l'honneur de la reconstruction de la chapelle de *Tonnetau*, devenue, depuis, leur propriété, avec ses dépendances. M. l'abbé Laffite, curé de Gondrin, fut tout heureux de prêter son concours à M. l'abbé Coutin, missionnaire, apôtre infatigable de la Vierge dans le diocèse d'Auch. L'œuvre s'accomplit vers 1860. Depuis lors, le pèlerinage a vu reparaître les foules des temps anciens. Les prodiges qui s'y accomplissent, chaque jour, rendent ce sanctuaire toujours plus vénérable.

Au début, c'est-à-dire au temps de la restauration

de 1860, le clergé paroissial de Gondrin se chargea de l'administration du sanctuaire de Tonnetau. Mais bientôt, Mgr de Langalerie, archevêque d'Auch, jugea que le moment était venu de confier le pèlerinage aux missionnaires diocésains, qui en prirent possession le 19 mai 1878.

M. Mancin, missionnaire de *Notre-Dame d'Auch*, fut chargé d'inaugurer, alors, la série des pèlerinages du pays, dont le premier vint de *Balarin*. Il était présidé par le P. Gilbert, prieur des chanoines réguliers prémontrés du couvent de ce nom. Quelques jours après, le petit séminaire d'Eauze visitait Tonnetau, au milieu des acclamations de la ville de Gondrin. Vinrent, ensuite, le pensionnat des Sœurs de Nevers, d'Eauze, les enfants de Valence-sur-Baïse, etc..

Plus tard, Montréal apporta son tribut à la Vierge, en lui offrant une bannière pour la fête de l'Assomption, en 1878. Près de 3,000 pèlerins s'agenouillèrent devant la statue miraculeuse, le 8 septembre de cette même année. La *Nativité de la Vierge* est, après le 15 août, la fête la plus solennelle du pèlerinage, qui reçut une nouvelle bannière, le 14 septembre 1879. Elle était offerte par la ville de Gondrin.

Aujourd'hui, comme alors, les foules attirées par les prodiges de grâces de tout ordre qui s'accomplissent à Tonnetau, se succèdent sans interruption, peut-on dire, autour de la fontaine sainte et de l'image de la Vierge.

XIII. — **Notre-Dame de la Croix** *(Marciac)*.

Marciac n'est pas seulement remarquable par ses diverses églises, si maltraitées, jadis, par les Huguenots, qui ne consentirent à évacuer la ville, en 1569, qu'après avoir reçu une rançon de 6,000 livres. Il y a, en outre, dans la paroisse, au midi, un lieu sanctifié par le pèlerinage de *Notre-Dame de la Croix*, qui amena, pendant trois siècles, des foules de visiteurs aux pieds d'une statue grossière, mais féconde en prodiges, selon des documents certains.

On raconte que cette image fut découverte dans un puits, qu'on aperçoit entre l'oratoire où se trouve la statue et la chapelle romane moderne bâtie sur le monticule méridional. Une couronne de roses blanches ceint le front de la Vierge à large face, qui tient l'Enfant-Jésus sur le bras gauche. Si le groupe en pierre ne se recommande point par la finesse du ciseau qui sculpta ses traits, du moins a-t-il le don de mériter la confiance des multitudes par les merveilles qu'on lui attribue.

La Vierge miraculeuse de Marciac s'abrite sous un oratoire rustique à pans coupés, dont le côté oriental est pourvu d'une grille en fer reposant sur des degrés superposés en marbre de Lourdes et précédée de deux colonnes en fonte sur lesquelles repose la toiture de l'édicule. Cet édifice s'élève, dit-on, sur l'emplacement de l'ancienne chapelle miraculeuse. Nous disons *ancienne* et non *antique*, car, si l'on en croit la tradition, le culte de *Notre-Dame de la Croix* ne remonterait pas au-delà de la peste qui ravagea le Pardiac, de 1653 à 1655. Marciac perdit 427 habitants en deux ans.

Marchant sur les traces de ses prédécesseurs, Mgr de Polignac, archevêque d'Auch, demanda à Rome des indulgences pour le pieux sanctuaire, dont un placard rappelle quelques prodiges.

Pour la gloire de ce pèlerinage, il nous paraît utile de conserver, à cette place, le *Mandement* qui suit, publié, le 17 juin 1734, par les vicaires généraux de l'archevêque, absent.

Mandement des Vicaires Généraux d'Auch.

« Indulgence plénière concédée à perpétuité par notre
« Saint Père le Pape Benoît XIII en faveur des confrères
« et confréresses de la dévote confrairie de N.-D. DE LA
« CROIX, près la ville de Marciac, diocèse d'Auch.

« A tous les fidèles chrétiens qui ces présentes verront
« (salut et bénédiction apostolique) considérant la fai-
« blesse et fragilité humaine, la rigueur du sévère
« jugement de Dieu, désirant l'augmentation de la reli-
« gion catholique, apostolique et romaine, émeus de la
« charité à élargir les célestes trésors de la dévote et
« miraculeuse chapelle de Notre-Dame de la Croix, Sa
« Sainteté a confirmé les indulgences de ses prédéces-
« seurs Saints Pères les Papes et concède à tous les
« fidèles chrétiens de l'un et de l'autre sexe, qui se
« feront enregistrer dans ladite confrairie, étant bien
« confessés et communiés à leur commodité, diront
« dévotement sept fois le *Pater noster* et l'*Ave Maria*,
« le jour de leur entrée ou réception en ladite confrairie,
« indulgence plénière et rémission de leurs péchés.

« *Idem*, N. Saint Père le Pape émeu des grands
« miracles que Dieu opère journellement dans la sainte
« chapelle de N.-D de la Croix, concède à tous les
« confrères et confréresses qui seront reçus ou se
« feront recevoir en la sainte confrairie, indulgence
« plénière et participeront aux messes qui se célèbrent
« tous les jours dans la sainte chapelle. De plus partici-
« peront à toutes les bonnes œuvres, biens et mérites de
« ce saint lieu.

« *Idem*, concède N. S. P. le Pape à tous les confrères
« et confréresses et à tous les fidèles chrétiens, indul-
« gence plénière en disant trois fois le *Pater noster*

« et l'*Ave Maria*, en mémoire des trois heures que
« N. S. J.-C. demeura attaché en croix, et les fait
« participants de toutes les messes, prières, oraisons et
« bonnes œuvres qui se gagnent à Rome, à Jérusalem et
« S. Jacques, lesquelles dureront à perpétuité.

« *Idem*, concède N. S. P. le Pape aux prêtres de
« ladite chapelle deux autels, l'autel de N.-D. de la
« Croix et l'autel du B. saint Roch, préservateur de la
« peste. Concède aussi Sa Sainteté à tous les ecclésias-
« tiques et leur accorde la rémission de toutes les fautes
« qu'ils ont commises dans les offices divins et heures
« canoniales, soit par oubli ou par infirmité. De plus
« concède Sa Sainteté à tous les fidèles chrétiens qui se
« confesseront et communieront une fois à leur première
« commodité, et diront ledit jour une fois le *Pater*
« *noster* et l'*Ave Maria*, à l'intention de la glorieuse
« Vierge Marie Notre-Dame de la Croix, gagneront un
« an d'indulgence et rémission de tous les péchés.

« Dans la dévote chapelle, Dieu y opère journellement
« de grands miracles, comme quantité d'aveugles,
« muets, sourds, paralytiques, hydropiques et autres
« personnes qui ont été bien recommandées d'une
« particulière dévotion y ont obtenu leur parfaite gué-
« rison.

« Marie Dumas du lieu de Mauroux, âgée de 23 ans,
« ayant resté l'espace de six ans paralytique, laquelle
« dite fille fut recommandée par M. son père à la
« glorieuse Vierge Marie de la Croix ; il offrit un bras
« d'argent et il fit jeûner neuf filles pendant neuf jours,
« après avoir fait cette dévotion elle a obtenu sa
« parfaite guérison.

« Jean Montoussé, du lieu de Freget, diocèse de Co-
« minges, après avoir pansé ses bœufs le matin s'en fut
« à demi-lieue de chez lui, sa femme entrant dans
« l'écurie trouva ses bœufs comme morts, cette femme
« toute désolée de voir ses bœufs en s'est *(sic)* estat, son
« mari arrive dans ledit temps, il se mit au côté de
« l'étable, il fit sa prière à la sainte Vierge Marie de
« la Croix, et fit vœu de s'aller faire célébrer quatre
« messes, et d'y aller pied nu, il n'eut pas sitôt fait son
« vœu que les bœufs s'élevèrent et se trouvèrent parfai-
« tement guéris, dont le dit Montoussé vint peu de jours
« après à ladite chapelle accomplir son vœu, ce miracle
« *(sic)* est arrivé le 4 mai 1734.

« Jean Bleze de la ville de Pau, âgé de quinze ans,
« n'avait marché ni parlé, M. son père et sa mère ont
« fait dévotion en plusieurs endroits pendant longtemps,
« ils l'ont recommandé à N.-D. de la Croix, ils ont offert

« un image de cire, ont fait dire une messe, ont été
« offrir un sierge (sic) à l'offrande de la messe, l'enfant
« print le sierge de la main de sa mère et suivit son
« père à l'offrande. Ce miracle est arrivé le 15 août 1734.

« Jean Jugo, métayer à la métairie de Caboussac, près
« de Marciac, étant hydropique, dans un âge très avancé,
« abandonné du médecin qui déclara qu'il n'y avait
« aucun lieu d'espérer qu'il pût guérir, après avoir
« même reçu l'Extrême-Onction, de sorte qu'on n'atten-
« dait que le moment de sa mort, se recommanda à
« N.-D. de la Croix et se traîna avec deux bâtons à
« lad. chapelle, qui n'est pas éloignée de ladite métairie,
« les eaux coulèrent de son corps par le chemin, de
« sorte qu'étant arrivé à ladite chapelle, après y avoir
« fait sa dévotion, il fut parfaitement guéri et travaille
« journellement comme s'il n'avait jamais eu aucun mal.

« Une fille du sieur Montaut, de la paroisse de Monle-
« zun, ayant été mordue d'un chien enragé devint véri-
« tablement enragée, jusques à se jeter sur son père et
« ses frères pour les mordre, laquelle dite fille fut
« recommandée par ses parents à N.-D. de la Croix,
« dont elle a rappelé sa parfaite guérison et vint peu de
« jours après faire sa dévotion et elle jouit d'une bonne
« santé. Ces deux miracles avec plusieurs autres, sont
« arrivés depuis peu.

« M. Nicolas Dufort, de St-Rafaël, diocèse de Fréjus,
« en Provence, capitaine du vaisseau *S. Paul*, ayant
« resté un an à la Martinique, son navire s'allait perdre
« par une tempête qui arriva sur la mer, mais il fit
« vœu à N.-D. de la Croix et y offrit une lampe d'ar-
« gent ; son vœu ne fut pas plutôt fait que son navire
« arriva à bon port, et fit après ledit sieur Dufort
« travailler à la lampe d'argent pour l'envoyer à la
« sainte chapelle.

« On trouve écrit que cette même oraison avait été
« trouvée sur le sépulcre de la Sainte Vierge Marie,
« mère de N. S. J.-C. et que quiconque la porterait sur
« soi, la lirait ou ferait lire, ne périrait jamais par l'eau,
« par le feu ni de mort subite et ne serait jamais vaincu
« de son ennemi, et s'il y avait quelque femme qui ne
« pût enfanter, si on lui met cette oraison en sa main,
« aussitôt elle sera délivrée : et ceux qui la porteront
« par dévotion la Sainte Vierge ne les délaissera jamais,
« pourvu qu'ils se tiennent devant Dieu toujours contrits
« humiliés, haïssant leurs péchés et ayant un désir
« ardent de se confesser à la première occasion.

« Tous les fidèles chrétiens pourront se faire recevoir

« à ladite confrairie, pour le prix et somme de trente
« deniers chacun, en mémoire des trente deniers que
« J.-C. fut vendu par Judas. Pour cet effet, chacun
« pourra donner ce que bon leur semblera ; soit argent,
« blé, linge, lin et autres choses à la volonté d'un
« chacun.

« Vous serez avertis que le procureur ou ses commis
« passeront un jour de la semaine pour recevoir vos
« charités. MM. les Archiprêtres, curés et vicaires sont
« priés de la part de MM. du Chapitre de Marciac,
« d'avoir la bonté de leur procurer un Marguillier
« pour les accompagner dans l'étendue de la paroisse,
« afin d'y faire la quête et leur faire un certificat sur le
« registre de la somme que ladite quête aura produit,
« afin qu'elle soit fidèlement remise entre les mains du
« syndic de ladite chapelle. »

« *Vicarii generales eminentissimi ac reverendissimi*
« *in Christo Patris Domini Domini Melchioris Sanctæ*
« *Romanæ ecclesiæ, tituli Sanctæ Mariæ de Angelis,*
« *presbyteri, Cardinalis* DE POLIGNAC, *archiepiscopi*
« *auscitani, primatis aquitaniæ Novempopulaniæ,*
« *regnique Navarræ, regii ordinis Sancti Spiritus*
« *Commendatoris, necnon suæ majestatis apud Sanc-*
« *tam Sedem negotiis præfecti, omnibus et singulis*
« *Archipresbyteris, et Rectoribus seu eorum vicariis*
« *hujusce diœcesis auscitanæ, salutem in Domino.*
« *Mandamus vobis, per præsentes ad annum valituras*
« *ut cum procuratores seu questores devotæ capellæ*
« *Sanctæ Crucis propi* (sic) *oppidum de Marciac,*
« *hujusce diœcesis ad vos ecclesiasque vestras eleemo-*
« *sinas seu questas petituri pervenerint, eos benigne*
« *excipiatis, populumque vobis commissum ad dictæ*
« *capellæ benefaciendum, piis vestris exhortationibus*
« *inducatis. — Datum Ausci, sub signis nostris,*
« *sigillo præfati eminentissimi Cardinalis Archiepis-*
« *copi, ac secretarii ordinari* (sic) *subcriptione* (sic).
« *Anno Domini millesimo septingentesimo trigesimo*
« *quarto, die vero decima septima mensis Junii.*

  « DASPE, *Vic. Gen.*
    « *De mandato Dominarum Vicariorum*
     « *Generalium*, Bourdonnié, *Sec.* »

Ce texte est imprimé sur une grande feuille
blanche de 34 centimètres de largeur sur 43 centimètres de hauteur. En tête, se trouvent, en grand
format, les armes de Mgr de Polignac. Il n'y a pas

de nom d'imprimeur. Le cardinal de Polignac gouverna le diocèse d'Auch de 1726 à 1741. L'affiche de 1734, était, évidemment, destinée à être placardée dans les édifices religieux. La concession des vicaires généraux *ad annum*, nous apprend que, tous les ans, un placard analogue annonçait aux fidèles les miracles opérés dans la dévote chapelle et les invitait à faire des libéralités au pèlerinage. La feuille que nous venons de transcrire est sans doute encore dans les papiers de M. Albert Lozes, à Auch, qui voulut bien nous la communiquer, en 1895. Il en existait un autre exemplaire dans le tome v des *Glanages*, de Daignan du Sendat, au Séminaire. Une main indélicate l'a arraché et l'a fait perdre.

On ne doit pas regarder cette feuille comme le seul essai ancien d'histoire de *Notre-Dame de la Croix*. Il y en eut d'autres. Mgr Léon de Beaumont évêque de Saintes, a, sûrement, connu et consulté les affiches périodiques de l'archevêque d'Auch, sur *Notre-Dame de la Croix*. On peut le conclure de son *mandement* relatif à la publication des *indulgences accordées par le pape Clément XII* à la chapelle de *La Croix*, dans le diocèse d'Auch (21 décembre 1739).

Après Benoît XIII, c'était le pape Clément XII, qui accordait des faveurs spirituelles au sanctuaire de *La Croix*, depuis longtemps donné à la Compagnie des Pénitents blancs de Marciac « qui y furent établis. l'an 1614 », dit Brugèles, dans ses *Chroniques*, p. 436.

M. Casimir Clausade fit imprimer, en 1849, chez M. Foix, à Auch, une brochure in-8°, de 62 pages, ayant pour titre : *La chapelle de Notre-Dame de la Croix, à Marciac.* Ce n'est point par la plume que

M. Lassalle, ancien curé de Marciac, mort archi-prêtre de *Sainte-Marie* d'Auch, a voulu fixer les grands traits de l'histoire de la Vierge miraculeuse. Il s'est servi de la truelle. Et il n'a pas cru trop faire pour sa Madone aimée, en lui élevant, non seulement l'oratoire où elle se trouve en ce moment, mais encore une magnifique chapelle romane qui lui rappellerait, en même temps, l'église de son baptême, *Notre-Dame d'Estang* et la glorieuse légende émaillée de miracles de *Notre-Dame de la Croix*.

XIV. — **Notre-Dame de Bouit** *(Nogaro)*.

Un berger, dit la légende, gardait son troupeau de bœufs, dans le voisinage du marais de *Barbotan* (paroisse de Caupenne), à l'extrémité duquel s'élève, maintenant, le petit établissement de bains de *Daniate*, sur la rive gauche du Midou.

L'un des bœufs s'éloignait tous les jours de ses compagnons pour lécher une statue de la Vierge qu'il poussait ensuite avec ses cornes, dans la direction actuelle de *Bouit*. Il ne paissait jamais et, chose remarquable, il était le plus gras du troupeau. Sa constance à faire avancer la céleste image fut telle, qu'après un temps très long, il parvint à l'élever jusqu'au sommet de la colline, où les fidèles, frappés de ce prodige, voulurent bâtir une chapelle à la gloire de la Mère de Dieu.

Les murs extérieurs de cet édifice, manifestement remanié, permettent d'en attribuer la fondation au xiie siècle. *Notre-Dame de Bouit* tomba sous les coups des hordes anglaises, pendant la *guerre de*

Cent-Ans. Elle se releva de ses ruines, après la domination de la Grande-Bretagne.

Lorsque François Iᵉʳ, roi de France, voulut doter le collège d'Auch, dont il avait autorisé l'érection, il accorda des lettres-patentes, datées du 15 mars 1545, en vertu desquelles il attribuait à la maison naissante une partie des fruits décimaux, autrefois abandonnés aux églises d'Armagnac, pour les aider à se relever de leurs ruines. *Notre-Dame de Bouit* fut de ce nombre. Un édifice gothique avait remplacé l'église romane primitive. La statue miraculeuse y reçut, comme par le passé, les hommages des fidèles.

Mais la Révolution française brûla brutalement la sainte image, dont l'asile fut cependant respecté. Dès que la tourmente eut cessé, les foules coururent avec la même foi vers le sanctuaire béni, qu'une restauration récente place au nombre de nos chapelles de dévotion les mieux bâties.

Un décret royal du 8 décembre 1829 annexa *Bouit* à Nogaro (1).

(1) Voir : *Notre-Dame de Bouit*, dans notre ouvrage : *Baronnie de Bourrouillan* (pp. 555-566). — Paris, chez Maisonneuve, libraire-éditeur.

TABLE DES MATIÈRES

INTRODUCTION

CHAPITRE PREMIER

CHAPITRE II

CHAPITRE III

CHAPITRE IV

CHAPITRE V

CHAPITRE VI

CHAPITRE IX

CHAPITRE X

CHAPITRE XI

CHAPITRE XII

CHAPITRE XIII

CHAPITRE XIV

CHAPITRE XV

CHAPITRE XVI

Vierges tutélaires du diocèse d'Auch

Abbeville, imp. F. Paillart, éditeur des *Brochures illustrées de Propagande Catholique*

JE
SÈME
LE
BON
GRAIN